Organisierte Kriminalität 3.0

Arndt Sinn

Organisierte Kriminalität 3.0

Arndt Sinn
Universitätsprofessor an der Universität Osnabrück,
Inhaber des Lehrstuhls für Deutsches und Europäisches
Straf- und Strafprozessrecht, Internationales Strafrecht sowie Strafrechtsvergleichung,
Direktor des Zentrums für Europäische und Internationale Strafrechtsstudien (ZEIS)
Osnabrück, Deutschland

ISBN 978-3-662-49843-9   ISBN 978-3-662-49844-6 (eBook)
DOI 10.1007/978-3-662-49844-6

Die Deutsche Nationalbibliothek verzeichnet diese Publikation in der Deutschen Nationalbibliografie; detaillierte bibliografische Daten sind im Internet über http://dnb.d-nb.de abrufbar.

Springer
© Springer-Verlag Berlin Heidelberg 2016
Das Werk einschließlich aller seiner Teile ist urheberrechtlich geschützt. Jede Verwertung, die nicht ausdrücklich vom Urheberrechtsgesetz zugelassen ist, bedarf der vorherigen Zustimmung des Verlags. Das gilt insbesondere für Vervielfältigungen, Bearbeitungen, Übersetzungen, Mikroverfilmungen und die Einspeicherung und Verarbeitung in elektronischen Systemen.
Die Wiedergabe von Gebrauchsnamen, Handelsnamen, Warenbezeichnungen usw. in diesem Werk berechtigt auch ohne besondere Kennzeichnung nicht zu der Annahme, dass solche Namen im Sinne der Warenzeichen- und Markenschutz-Gesetzgebung als frei zu betrachten wären und daher von jedermann benutzt werden dürften.
Der Verlag, die Autoren und die Herausgeber gehen davon aus, dass die Angaben und Informationen in diesem Werk zum Zeitpunkt der Veröffentlichung vollständig und korrekt sind. Weder der Verlag, noch die Autoren oder die Herausgeber übernehmen, ausdrücklich oder implizit, Gewähr für den Inhalt des Werkes, etwaige Fehler oder Äußerungen.

Gedruckt auf säurefreiem und chlorfrei gebleichtem Papier

Springer ist Teil von Springer Nature
Die eingetragene Gesellschaft ist Springer-Verlag GmbH Berlin Heidelberg

Vorwort

Die „Organisierte Kriminalität" (OK) hat sich mit der Entwicklung neuer Technologien, der Etablierung neuer Märkte, dem veränderten Wert und Rang von Ressourcen, den gesellschaftlichen und rechtlichen Veränderungen ebenfalls gewandelt. Die „Internetdimension" des Phänomens „OK" erleichtert den Tätern die Kommunikation, die Koordination, die Vorbereitung und Ausführung sowie die Verschleierung der Taten – also die Organisation. Kaum bemerkt haben sich hybride Gruppierungen entwickelt, die zur Finanzierung terroristischer Anschläge Straftaten organisiert begehen. Das Dogma „entweder OK oder Terrorismus" – ist in dieser Absolutheit nicht mehr aufrechtzuerhalten.

Seit 1990 wird das OK-Phänomen in Deutschland für statistische, präventive und strategische Zwecke definiert, und mit dem Gesetz zur Bekämpfung des illegalen Rauschgifthandels und anderer Erscheinungsformen der organisierten Kriminalität (OrgKG) aus dem Jahr 1992 wurden sogenannte Besondere Ermittlungsmaßnahmen in die StPO eingefügt und damit die OK-Strafverfolgung auf eine rechtsstaatliche Grundlage gestellt. Im materiellen Strafrecht änderte sich demgegenüber kaum etwas. Organisierte Kriminalität sollte weiterhin mit den tradierten Typen „Bande" und „kriminelle Vereinigung" erfasst werden. Heute hat die OK viele Gesichter. Die Herausforderung besteht darin, diese zu erkennen und rechtlich zu erfassen. Internationale Vorgaben zur Strafbarkeit der Mitgliedschaft in einer kriminellen Organisation, die den Veränderungen der OK sowie der Bemühung um Harmonisierung des Rechts geschuldet waren, haben in Deutschland bisher kaum zu einer Anpassung des materiellen Rechts an die veränderten Tatsachen der „Organisierten Kriminalität 3.0" geführt. Heute agiert man in Deutschland in sicherheitsstrategischer Hinsicht mit einer Definition der OK, die nicht mehr zeitgemäß ist und keine Entsprechung im materiellen Strafrecht findet. In empirischer, rechtlicher, strategischer und sicherheitspolitischer Hinsicht besteht also Forschungs- bzw. Anpassungsbedarf – andernfalls bleibt der Blick für die Facetten der „Organisierten Kriminalität 3.0" weiterhin verstellt.

Mit dieser Studie soll nach mehr als 30 Jahren OK-Diskussion der Blick für die geänderte OK-Lage in Deutschland und in der Europäischen Union geschärft werden. Mit ihr soll es gelingen, die Inkongruenz zwischen der OK-Definition einerseits und der strafrechtlichen Erfassung der OK andererseits aufzudecken. Es wird gezeigt, dass die Datenlage in dem Bundeslagebild OK nicht mit den Daten aus der Polizeilichen Kriminalstatistik kompatibel ist und dass eine an Nützlichkeiten orientierte OK-Strafverfolgung weitreichende negative Folgen für Kompetenzzuweisungen hat. Mit der Studie wird belegt, dass die Rechtsprechung des Bundesgerichtshofs zur Auslegung der „kriminellen Vereinigung" nicht internationalen Vorgaben entspricht, dass aber eine unionsrechtskonforme bzw. völkerrechtskonforme Interpretation des § 129 StGB ohne Verletzung allgemeiner Rechtsgrundsätze des deutschen Strafrechts möglich bleibt. Ein Blick in andere Rechtsordnungen (Italien, Österreich, Polen und Ungarn) soll zeigen, wie dort die internationalen Vorgaben umgesetzt wurden. Die Arbeit bezieht die jüngsten internationalen Forschungsergebnisse zur organisierten Kriminalität und zum illegalen Handel in die Analyse des OK-Phänomens ein und stellt diese in den Kontext der Gesamtentwicklung zur OK in Europa und gibt einen Ausblick auf die zukünftigen OK-Perspektiven und Schlüsselfaktoren. Mit der Analyse von Verfolgungsstrategien und Best Practices wird der polizeipraktische Bezug hergestellt.

Herzlich danken möchte ich der Springer-Verlag GmbH und namentlich Frau *Dr. Brigitte Reschke* für die Aufnahme der Studie in das Verlagsprogramm. Danken möchte ich weiterhin der *Philip Morris GmbH* für die finanzielle Förderung dieser Arbeit.

Möge der Band einen Anstoß für eine Standortbestimmung einer über 30 Jahre andauernden Diskussion über die organisierte Kriminalität in Deutschland geben und einer neuen Sicherheitsstrategie dienlich sein.

Bad Iburg
im April 2016

Arndt Sinn

Inhaltsverzeichnis

1	**Einleitung**	1
2	**Anknüpfungspunkte für eine OK-Verfolgung im deutschen Strafrecht**	3
2.1	Überblick	3
2.2	Kriminalpolitisch-strategisch-polizeiliche Definition der OK in Deutschland	5
2.3	Das flexible OK-(Nützlichkeits-)Konzept in den Gemeinsamen Richtlinien der Justizminister/-senatoren und der Innenminister/-senatoren der Länder über die Zusammenarbeit bei der Verfolgung der organisierten Kriminalität..	8
2.4	Fakten und Zahlen zur organisierten Kriminalität und zur kriminellen Vereinigung in Deutschland und der Europäischen Union	10
2.4.1	Empirischer Forschungsstand zur OK in Deutschland	10
2.4.2	Die OK-Lage in Deutschland	13
2.4.2.1	OK-Verfahren	13
2.4.2.2	OK-Potential	13
2.4.2.3	Schäden	14
2.4.2.4	Internationalisierung	14
2.4.3	Die Lage zur kriminellen Vereinigung in Deutschland	15
2.4.4	Die Lage zur OK und zur kriminellen Vereinigung in der Europäischen Union	18
2.4.5	Schwierigkeiten bei der Aufklärung von OK	20
2.4.6	Zusammenfassung	24

2.5　Die materiell-strafrechtliche Erfassung der OK 25
 2.5.1　Organisierte Kriminalität und das Organisationsdelikt „kriminelle Vereinigung" 28
  2.5.1.1　Unionsweiter Regelungsrahmen 28
  2.5.1.2　Der Harmonisierungsstand zur kriminellen Vereinigung in der EU 30
  2.5.1.3　Die VN-Konvention gegen grenzüberschreitende organisierte Kriminalität (UNTOC) im Vergleich zum EU-Rahmenbeschluss zur Bekämpfung der OK 32
   2.5.1.3.1　Begriffsgleichheit oder Begriffsverwirrung? – „kriminelle Vereinigung" vs. „organisierte kriminelle Gruppe" 33
    2.5.1.3.1.1　Personell 34
    2.5.1.3.1.2　Temporär 34
    2.5.1.3.1.3　Ziele 34
    2.5.1.3.1.4　Beteiligung 35
 2.5.2　Zwischenergebnis 35
 2.5.3　Auslegung des § 129 StGB in der Rechtsprechung des BGH zum Merkmal der „kriminellen Vereinigung" 35
 2.5.4　Defizite bei der Geldwäscheverfolgung im Zusammenhang mit der kriminellen Vereinigung 41
  2.5.4.1　Die Bildung einer kriminellen Vereinigung als Auslandstat, § 261 Abs. 1 Nr. 5 i. V. m. Abs. 8 StGB 41
  2.5.4.2　Konsequenzen mangelnder Inkongruenz des § 129 StGB mit internationalen Vorgaben bei der Gelwäsche im Zusammenhang mit Vortaten im Ausland 42
 2.5.5　Zusammenfassung 43

3　Die rechtliche Erfassung der OK in anderen EU-Ländern 45
3.1　Begriff und straftatbestandliche Vertypung der organisierten Kriminalität 45
 3.1.1　Die Rechtslage in Italien 45
 3.1.2　Die Rechtslage in Österreich 46
 3.1.3　Die Rechtslage in Polen 48
 3.1.4　Die Rechtslage in Ungarn 49
3.2　Zusammenfassung 50

4　Illegaler Handel und OK 51
4.1　Was will die OK? 51
4.2　Was „macht" die OK? 52

Inhaltsverzeichnis

5 Zukunft der OK 57
  5.1 Schlüsselfaktoren 57
  5.2 Entwicklung der Kriminalitätsbereiche 59
    5.2.1 Dynamische Märkte 59
    5.2.2 Stabile Märkte 59
    5.2.3 Rückläufige kriminelle Märkte 60

6 Verfolgungsstrategien und Best Practices gegen OK 61
  6.1 Im Allgemeinen 61
  6.2 Im Besonderen 62
    6.2.1 Ausbau nationaler Kooperationen zur
         OK-Verfolgung 62
    6.2.2 Strategien internationalisieren – Agenturen vernetzen 64
        6.2.2.1 Internationale polizeiliche Zusammenarbeit 65
            6.2.2.1.1 Polizeilicher/Justizieller
                    Informationsaustausch 65
            6.2.2.1.2 Polizeikooperationsverträge 68
            6.2.2.1.3 Verdeckte Ermittlungen 69
            6.2.2.1.4 Joint Investigation Teams 69
                    6.2.2.1.4.1 Operation Vigorali 70
                    6.2.2.1.4.2 Operation Archimedes 70
        6.2.2.2 Internationale Zollzusammenarbeit 71
    6.2.3 Verfolgung technisieren 72
    6.2.4 Zusammenarbeit mit der Zivilgesellschaft 75
    6.2.5 Zusammenarbeit mit der Wirtschaft 75

7 Schlussbemerkungen 77

Literatur 81

Abbildungsverzeichnis

Abb. 2.1 Vergleich OK-Verfahren/Verfahren kriminelle Vereinigung PKS 2012–2014 15
Abb. 6.1 OK-Verfolgungsstrategie 62

Tabellenverzeichnis

Tab. 2.1　Der Begriff der kriminellen Vereinigung auf nationaler, völkerrechtlicher und europäischer Ebene im Vergleich zur Bande 41

Kapitel 1
Einleitung

Das Phänomen „Organisierte Kriminalität" (OK) ist neben dem „Terrorismus" das die deutsche und europäische Kriminalpolitik beherrschende Thema.[1] Die Maastrichter Vertragsstaaten hatten bei der Verabschiedung von Art. K.1 Nr. 9 EUV a.F. im Jahr 1992 die OK zwar noch *deliktsspezifisch* im Blick, aber die immer bedeutender werdende internationale Dimension auch schon erkannt und mit der Bezugnahme auf Europol auch eine Institutionalisierung grenzüberschreitender Zusammenarbeit vor Augen. Das Interesse an einer gemeinsamen Verfolgungsstrategie geht auf Entwicklungen in den 1970er-Jahren zurück, in denen sich die illegalen Drogenmärkte in Europa stark ausdehnten.[2] Als 1989 der Transformationsprozess ehemaliger Ostblockstaaten begann, wurden die Freiräume für Straftäter zunächst größer, weil diese Staaten weder rechtlich noch tatsächlich auf organisierte Kriminalität vorbereitet waren. Mit der Einführung neuer Straftatbestände am Vorbild internationaler Vorgaben änderte sich dies zwar in den 1990er-Jahren. Aber mit der Öffnung der Grenzen, dem Wegfall von Grenzkontrollen sowie der Liberalisierung der Märkte konnte sich die OK auch lukrative Betätigungsfelder erschließen und auch von Liberalisierungen profitieren.[3] Auf diese Dynamik waren die Staaten nicht vorbereitet. Mehr noch: OK und

---

[1] Vgl. zur Priorität auf EU-Ebene bspw. den Entwurf von Schlussfolgerungen des Rates zur Entwicklung einer erneuerten Strategie der inneren Sicherheit der Europäischen Union v. 19.11.2014, Ratsdok. 15.670/14, S. 7: Dort wird bei der Benennung der wichtigsten gemeinsamen Bedrohungen und Herausforderungen der kommenden Jahre im Bereich der inneren Sicherheit die schwere und organisierte Kriminalität an erster Stelle noch vor dem Terrorismus genannt. Vgl. dazu auch das Strategiepapier des Rates der EU Ratsdok. 5842/10 v. 2.2.2010; auf der Ebene des Europarats vgl. den Entwurf für einen Aktionsplan zur Bekämpfung der organisierten Kriminalität (2016–2020) v. 16.10.2015: CDPC (2015) 17_rev; vgl. a. *Kilchling* APuZ 38-39/2013, S. 9 ff. (9).

[2] Vgl. *Albrecht*, Organisierte Kriminalität. Theoretische Erklärungen und empirische Befunde. Revista da Faculdade de Direito da Universidade de São Paulo 105 (2010), S. 259 ff.

[3] Vgl. *Sinn*, Der Rechtsrahmen der Europäischen Union als Ursache für kriminogenes Verhalten – Profitiert die organisierte Kriminalität von europäischen Entwicklungen?, Vortrag anlässlich des Fachsymposiums „Organisierte Kriminalität – Phänomen- und Rechtsentwicklung im Rahmen einer Zeitreise" am 28.9.2011 am Bundeskriminalamt (unveröffentlicht); vgl. a. *Albrecht* (Fn. 2), S. 260.

Terrorismus sind Allianzen eingegangen, und *hybride Gruppierungen* konnten sich entwickeln, die sich eigene Finanzquellen zur Durchführung terroristischer Aktivitäten erschlossen haben, was sie unabhängig von externen Finanzquellen agieren lässt. Das hat zur Folge, dass die klassischen Instrumente gegen Terrorismusfinanzierung nicht mehr greifen. Trotz der angesprochenen Priorisierung in Deutschland und in Europa existieren immer noch rechtliche und strategische Mängel, die eine OK-Verfolgung erschweren.

Mit dieser Studie soll eine Standortbestimmung einer jahrzehntelangen OK-Verfolgung in Deutschland vorgenommen werden. Betrachtet und bewertet werden u. a. die in den Bundeslagebildern sowie in der Polizeilichen Kriminalstatistik der Jahre 2012–2014 erhobenen Daten, die in den Kontext des international vorliegenden Datenmaterials und weiterer Untersuchungen gestellt werden. Von zentraler Bedeutung ist in der Studie die rechtliche Erfassung des OK-Phänomens, ohne die eine wirksame, rechtsstaatliche und nachhaltige OK-Verfolgung undenkbar ist. Angesichts internationaler Vorgaben und eines Blicks auf die Rechtslage in weiteren EU-Länder, wird der Frage nachgegangen, ob es im deutschen Strafgesetzbuch Defizite gibt und wie diese gegebenenfalls ausgeräumt werden können. Betrachtet werden Italien als eines der Länder mit einer umfangreichen Erfahrung bei der Verfolgung der klassischen OK, Polen und Ungarn als Transformationsländer sowie Österreich als eine mit dem deutschen Strafrecht verwandte Rechtsordnung. Die Untersuchung wird auch einen Ausblick auf die zukünftigen OK-Entwicklungen geben und vor dem Hintergrund bewährter Praktiken zeigen, welche rechtlichen und strategischen sowie sicherheitspolitischen Folgerungen daraus zu ziehen sind.

Kapitel 2
Anknüpfungspunkte für eine OK-Verfolgung im deutschen Strafrecht

2.1 Überblick

Bei der organisierten Kriminalität handelt es sich um ein „komplexes, verzweigtes, vielfach auch diffuses Feld von Strukturen, Personengemeinschaften und Handlungsvollzügen, das in viele Kriminalitätsbereiche hineinreicht".[1] An diesem Befund aus dem „Zweiten Periodischen Sicherheitsbericht" aus dem Jahr 2006 hat sich bis heute nichts geändert. Obwohl der Begriff „organisierte Kriminalität" keine Entdeckung der jüngeren Vergangenheit ist, erfolgte in Deutschland eine intensive rechtliche Auseinandersetzung mit diesem Kriminalitätsphänomen erst in den letzten 30 Jahren. Äußerlich können wohl zwei wesentlich miteinander in Zusammenhang stehende gesellschaftliche Problembereiche genannt werden, die diese Entwicklung angestoßen haben: die besorgniserregende Entwicklung der Rauschgiftkriminalität und die organisierte Begehungsweise dieser und anderer Straftaten.[2] Das Thema „OK" gehört also zu den relativ jungen Forschungsgebieten in Deutschland. Aufgrund der spezifischen Struktur der Tätergruppe und ihrer Mittel hat sich am umfangreichsten wohl die Kriminologie mit dieser besonderen Form der Kriminalität beschäftigt, während die Strafrechtsdogmatik sich erst viel später mit den neuen Entwicklungen auseinandergesetzt hat. Auch die strafprozessuale Bewältigung des Phänomens „OK" begann erst in den 1980er-Jahren in rechtsstaatlichen Bahnen zu verlaufen. Anstoß dazu hat das sog. Volkszählungsurteil[3] des Bundesverfassungsgerichts aus dem Jahre 1983 gegeben. Das *BVerfG* stellte dort

---

[1] Zweiter Periodischer Sicherheitsbericht, 2006, S. 441. Weltweit existieren wohl weit mehr als 180 unterschiedliche OK-Definitionen, Phänomenbeschreibungen und Merkmalkataloge zur OK, vgl. die Zusammenstellung bei *von Lampe*, http://www.organized-crime.de/organizedcrimedefinitions.htm (Stand: 17.1.2016).

[2] *Gropp*, in: Gropp (Hrsg.), Besondere Ermittlungsmaßnahmen zur Bekämpfung der organisierten Kriminalität, 1993, S. 4.

[3] *BVerfGE* 65, 1 ff., vgl. hierzu *Simitis*, NJW 1984, 398 ff.

den Grundsatz auf, dass Art. 2 Abs. 1 und Art. 1 Abs. 1 GG jedem das Recht garantiere, grundsätzlich selbst über die Preisgabe und Verwendung seiner persönlichen Daten zu bestimmen.[4] Dieses sog. Recht auf informationelle Selbstbestimmung sei zwar nicht schrankenlos gewährleistet. Einschränkungen bedürften aber einer spezifischen *gesetzlichen Grundlage*.[5] Infolge dieses Urteils begann sich in Deutschland die Auffassung durchzusetzen, wonach auch bei der Anwendung besonderer Ermittlungsmaßnahmen (also bspw. dem Einsatz verdeckter Ermittler oder dem Einsatz technischer Mittel usw.) in jenes Recht auf informationelle Selbstbestimmung eingegriffen werde und diese deshalb einer gesetzlichen Grundlage bedürften. Der Gesetzgeber hat dann aufgrund dieses Urteils das Gesetz zur Bekämpfung des illegalen Rauschgifthandels und anderer Erscheinungsformen der organisierten Kriminalität (OrgKG) vom 15.7.1992[6] verabschiedet. Mit diesem Gesetz sollte die Aufgabe bewältigt werden, u. a. Rechtsgrundlagen zur *Verfolgung* der OK zu schaffen.[7] Hinsichtlich der *materiell-rechtlichen* Erfassung, Beschreibung und Vertypung der OK änderte sich mit dem OrgKG nichts. Es blieb bei den tradierten Typen der Bande einerseits und der kriminellen Vereinigung andererseits. Im materiellen Strafrecht wurde bis heute kein „OK-Straftatbestand" formuliert.[8] Vielmehr wird versucht, die OK tätigkeitsbezogen über bestimmte Delikte und deren Begehung bei Mehrpersonenverhältnissen über eine Bande, der gewerbsmäßigen Begehung einer Straftat oder mit der kriminellen Vereinigung zu erfassen.[9] Im materiellen Strafrecht wird der kriminalpolitisch nachweisbare OK-Bezug bei den Bandendelikten und der gewerbsmäßigen Begehung nur über die diesbezüglichen Gesetzesmaterialien sichtbar.[10] Für statistische und sicherheits-strategische Zwecke wird seit 1990 eine Definition der OK verwendet, die von einer Arbeitsgruppe, der Vertreter aus Justiz und der Polizei angehörten, entwickelt wurde.

---

[4] *BVerfGE* 65, 43.
[5] *BVerfGE* 65, 44.
[6] BGBl. I 1992 Nr. 34, S. 1302 ff.
[7] Vgl. dazu umfangreich Gropp (Hrsg.), Besondere Ermittlungsmaßnahmen zur Bekämpfung der Organisierten Kriminalität, 1993; Gropp/Huber (Hrsg.), Rechtliche Initiativen gegen organisierte Kriminalität, 2001; Gropp/Sinn (Hrsg.), Organisierte Kriminalität und kriminelle Organisationen. Präventive und repressive Maßnahmen vor dem Hintergrund des 11.September 2001, 2007. In diesem Beitrag soll der Fokus auf dem materiellen Recht liegen.
[8] Im Jahr 1991 erschienen die Konturen der „organisierten Begehungsweise" noch nicht hinreichend gefestigt, um dieses Merkmal in einen Straftatbestand aufzunehmen, vgl. BR-Drs. 219/91, S. 78.
[9] Mit dem OrgKG vom 15.7.1992 (vgl. o. Fn. 6) wurde außerdem § 30b BtMG in das Gesetz eingefügt, der den Anwendungsbereich von § 129 in Fällen des unbefugten Vertriebs von Betäubungsmitteln bei kriminellen Vereinigungen mit Auslandsbezug erweitert. Es handelt sich also nicht um einen Straftatbestand. § 30b BtMG lautet: „§ 129 des Strafgesetzbuches gilt auch dann, wenn eine Vereinigung, deren Zwecke oder deren Tätigkeit auf den unbefugten Vertrieb von Betäubungsmitteln im Sinne des § 6 Nr. 5 des Strafgesetzbuches gerichtet sind, nicht oder nicht nur im Inland besteht."
[10] Vgl. insb. BT-Drs. 12/989 zum OrgKG, dort S. 1 f.

2.2 Kriminalpolitisch-strategisch-polizeiliche Definition der OK in Deutschland

In Deutschland existiert zwar eine Definition der „Organisierten Kriminalität".[11] Allerdings bildet diese im Mai 1990 von der AG Justiz/Polizei verabschiedete Arbeitsdefinition im Wesentlichen „nur" die Grundlage für die Erhebung der relevanten Ermittlungsverfahren für das Bundeslagebild OK, und sie dient strategisch-polizeilichen sowie kriminalpolitischen Zwecken. Sie findet aber keine Entsprechung im Strafgesetzbuch (vgl. dazu noch 2.5). In der Strafprozessordnung wird der OK-Begriff allein in § 100e Abs. 2 Nr. 3 StPO verwendet. Deshalb wird in der Wissenschaft auch beklagt, dass sie im juristischen Kontext keinen eigenen Erklärungswert habe.[12]

Die OK-Definition setzt entsprechend den Einsichten aus der Kriminologie bei bestimmten Strukturmerkmalen der Tatbegehung und ihrer Vorbereitung an. Sie wurde als eine „Art von Arbeitsgrundlage konzipiert, die strafrechtliche, soziologische, psychologische und ökonomische Elemente umfasst und im Ergebnis die Subsumtion bestimmter Erscheinungsformen unterschiedlichster Straftatbestände unter den durch die Arbeitsgemeinschaft Justiz/Polizei im Mai 1990 festgelegten Begriff von organisierter Kriminalität ermöglichen soll".[13] Nach Auffassung des Bundesverfassungsgerichts zeige diese Begriffsbestimmung, „dass als Organisierte Kriminalität nicht ein eingrenzbarer Straftatbestand oder die Summe einzelner Straftatbestände, sondern eine komplexe Erscheinungsform abweichenden Verhaltens verstanden werden soll".[14]

OK wird definiert als „die von Gewinn- oder Machtstreben bestimmte planmäßige Begehung von Straftaten, die einzeln oder in ihrer Gesamtheit von erheblicher Bedeutung sind, wenn mehr als zwei Beteiligte auf längere oder unbestimmte Dauer arbeitsteilig

(a) unter Verwendung gewerblicher oder geschäftsähnlicher Strukturen,
(b) unter Anwendung von Gewalt oder anderer zur Einschüchterung geeigneter Mittel oder
(c) unter Einflussnahme auf Politik, Medien, öffentliche Verwaltung, Justiz oder Wirtschaft

zusammenwirken. Der Begriff umfasst nicht Straftaten des Terrorismus."

Für die Qualifizierung kriminellen Verhaltens als organisierte Kriminalität müssen alle generellen und zusätzlich mindestens eines der speziellen Merkmale der

---

[11] Abgedruckt bei *Meyer-Goßner/Schmitt*, StPO, Anhang 12 RiStBV Anlage E. Vgl. dort a. die Nw. zu den Erlassen in den Ländern.
[12] *Kinzig*, Die rechtliche Bewältigung von Erscheinungsformen der organisierten Kriminalität, 2004, S. 778.
[13] Zweiter Periodischer Sicherheitsbericht, 2006, S. 448.
[14] BVerfGE 109, 279 ff. (338 Rn. 210).

Alternativen (a) bis (c) der OK-Definition vorliegen. Terrorismus wird von dieser Definition *ausdrücklich* nicht erfasst.

Die seit 1990 in der Polizeipraxis verwendete Definition ist bis heute starker Kritik ausgesetzt. Das liegt zum einen an der begrifflichen Unschärfe der verwendeten Merkmale.[15] Zum anderen daran, dass bei Zugrundelegung dieser Definition jede im StGB und in den Nebenstrafgesetzen beschriebene Straftat potentiell organisiert begehbar sein müsste, wenn die Täter- und Tatbesonderheiten gegeben sind.[16] Im Bereich der Wirtschaftskriminalität wird beklagt, dass die doppelte Subsumtion hinsichtlich Merkmal „(a) unter Verwendung gewerblicher oder geschäftsähnlicher Strukturen" überflüssig sei, wenn es sich bei der Straftatengruppe um ein typisches Delikt der Wirtschaftskriminalität handelt. In der Gerichtspraxis und für das Strafverfahren ist die OK-Definition bedeutungslos.[17]

Kritisch muss aus strategischer und polizeitaktischer Sicht auch reflektiert werden, dass mit der Definition der Terrorismus gerade nicht erfasst werden soll. Kaum bemerkt haben sich *hybride* Gruppierungen entwickelt, bei denen das alte Muster[18] „Organisierte Kriminalität" (OK) ODER „Terrorismus" (TE) nicht mehr greift.[19] Das Ausschließlichkeitsverhältnis von „Profitorientierung" (OK) einerseits und „Zerstörung" (TE) anderseits, von „(Aus-)Nutzung der sozialen und wirtschaftlichen Strukturen" (OK) einerseits und „Abschaffung des Systems" (TE) andererseits ist nicht mehr haltbar. Im NSU-Komplex liegen OK und Terrorismus nah beieinander – erkannt wurden die Überscheidung der Merkmale beider Phänomene zu spät.[20] Es ist bekannt, dass sich verschiedene Terrororganisationen heute über Schmuggel, Geiselnahmen und Erpressungen finanzieren.[21] Es gibt Anhaltspunkte dafür, dass

---

[15] Vgl. etwa BVerfGE 109, 279 ff. (338 Rn. 211); *Peter-Alexis Albrecht*, Kriminologie, 3. Aufl. 2005, S. 345 f.

[16] Kritisch deshalb auch *Gropp*, in: Gropp/Huber (Hrsg.) (o. Fn. 7), S. 85.

[17] *Weigand/Büchler*, Ermittlungs- und Sanktionserfolge der OK-Ermittlungen in Baden-Württemberg, 2002, S. 17.

[18] Vgl. aber noch *Wörner/Wörner*, in: Gropp/Sinn (Hrsg.), Organisierte Kriminalität und kriminelle Organisationen, 2006, S. 86. Angesichts unterschiedlicher Bestrebungen der Gruppierungen zurückhaltend *Jäger*, APuZ 2013, S. 15 ff. (21) und *Kemmesies*, in: Arnold/Zoche (Hrsg.), Terrorismus und Organisierte Kriminalität, 2014, S. 69 ff.

[19] Vgl. a. *Shelley*, Dirty Entanglements, 2014, S. 98 f.

[20] Kritisch auch *von Lampe*, APuZ 2013, S. 3 ff. (3).

[21] Vgl. die umfangreichen Nw. über Verbindungen zwischen dem Zigarettenschmuggel und Terrornetzwerken in Nordamerika, Nordafrika, Europa, Asien und Mittlerer Osten, in: Financement du Terrorisme, La contrebande et la contrefaçon de cigarettes, hrsg. vom Centre danalyse du terrorisme, März 2015, S. 1 ff.; vgl. zum Zusammenhang zwischen OK und Terrorismus a. *Albrecht*, in: Arnold/Zoche (Hrsg.), Terrorismus und Organisierte Kriminalität, 2014, S. 17 ff.; *Dienstbühl*, Kriminalistik 2008, S. 365 ff.; *Görgen/Schröder*, Organisierte Kriminalität und Terrorismus – unvereinbare Phänomene oder gefährliche Allianzen?, in: Informationszentrum Sozialwissenschaften (Hrsg.). Kriminalsoziologie + Rechtssoziologie, Band 2008/1, S. 9 ff.; *Soiné*, Kriminalistik 2005, S. 409 ff.; *Shelley*, Dirty Entanglements, 2014, S. 173 ff.; zust. *Sieber/Vogel*, Terrorismusfinanzierung, 2015, S. 11; *Storbeck/von Münchow*, Security Insights, Nr. 13, 2/2016, S. 1 ff.; vgl. a. FATF, Terrorist Financing, 2008, S. 15 ff. (http://www.fatf-gafi.org/media/fatf/documents/reports/FATF%20 Terrorist%20Financing%20Typologies%20Report.pdf, Zugegriffen am 31.1.2016); für Irland vgl. den Cross border Organised Crime Assessment 2014, S. 5, 23 (http://www.octf.gov.uk/Publications/ SARS-information-(1)/Cross-Border-Organised-Crime-Assessment-2014, Zugegriffen am 5.2.2016).

2.2 Kriminalpolitisch-strategisch-polizeiliche Definition der OK in Deutschland

mehrere Millionen Euro aus dem Zigarettenschmuggel über Schweizer Banken gewaschen und vermutlich der ETA zur Verfügung gestellt wurden.[22] Sicherheitsbehörden wie der Verfassungsschutz haben Hinweise darauf, dass sich islamistische Gruppen wie beispielsweise der Islamische Staat und Al Kaida durch den internationalen Zigarettenschmuggel finanzieren.[23] Al Qaeda in the Maghreb (AQIM) sind nach Angaben der Berichterstatterin im Wirtschafts- und Sicherheitskomitee der Nato zum Thema Terrorfinanzierung traditionell im Bereich des Zigarettenschmuggels tätig.[24] Im Jahr 2009 wurde eine Betrugsserie im Kontext der Finanzierung des Terrornetzwerkes Al Kaida vor dem BGH verhandelt.[25] Vor dem Landgericht Köln begann Ende 2015 ein Prozess, in denen organisierte Einbrüche in Schulen und Kirchen, um damit den bewaffneten Dschihad in Syrien zu unterstützen, im Mittelpunkt stehen.[26] Bereits im Jahr 2000 wurde in den USA im Rahmen der Operation „Smokescreen" das größte Finanzierungsnetz der Hisbollah auf der Grundlage von Zigarettenschmuggel und Fälschung von Steuermarken zerschlagen. Die Gewinne aus dem Zigarettenschmuggel von North Carolina nach Michigan, bedingt durch die unterschiedlichen Steuern in diesen Bundesstaaten, wurden über muslimische Organisationen in Detroit gewaschen und an die Hisbollah im Libanon weitergereicht.[27] Die Terrormiliz ISIS ist nach Einschätzung der Bundesregierung von ausländischen Finanzquellen nahezu unabhängig. Neben den Einnahmen aus den kontrollierten Ölfeldern, dem Verkauf von antiken Fundstücken und Sklaven sowie den erhobenen Steuern sind Geiselnahmen eine ganz wesentliche Einnahmequelle.[28] Auf weitere potentielle Einnahmequellen hat der UN-Sicherheitsrat Anfang 2015 mit Besorgnis aufmerksam gemacht.[29] Diesen Entwicklungen wurde in der Vergangenheit in Theorie und Praxis zu wenig Aufmerksamkeit geschenkt. Für diese neuen Strukturen bleiben die Strafverfolgung und das Recht blind, wenn an dem Ausschließlichkeitsdogma festgehalten wird.

---

[22] Verfassungsschutz des Landes Brandenburg: http://www.verfassungsschutz.brandenburg.de/cms/detail.php/lbm1.c.342040.de. Zugegriffen am 7.1.2016; vgl. a. Financement du Terrorisme, La contrebande et la contrefaçon de cigarettes, hrsg. vom Centre danalyse du terrorisme, März 2015, S. 1.

[23] Vgl. *Hans-Georg Maaßen* im Spiegel: http://www.spiegel.de/politik/deutschland/tabakschmuggel-finanziert-terroristen-a-1059331.html. Zugegriffen am 7.1.2016; vgl. a. BT-Drs. 18/7298, S. 2.

[24] Vgl. Dok. 057 ESCTER 15 E v. 1.4.2015, S. 5.

[25] BGH, NJW 2009, 348 ff.

[26] http://www.welt.de/regionales/nrw/article147836738/Einbrecher-sollen-IS-Terror-unterstuetzt-haben.html. Zugegriffen am 4.1.2015.

[27] Vgl. Financement du Terrorisme, La contrebande et la contrefaçon de cigarettes, hrsg. vom Centre danalyse du terrorisme, März 2015, S. 1; vgl. a. *Hutchinson/O'Malley*, Studies in Conflict and Terrorism, 30 (2007), S. 1095 ff.; vgl. a. *Meijer*, Financing Terrorism one Cigarette at a time? – OpEd: http://www.eurasiareview.com/20112015-financing-terrorism-one-cigarette-at-a-time-oped/. Zugegriffen am 9.1.2016.

[28] Vgl. BT-Drs. 18/4314, S. 1 ff. (2 f., 8 ff., 11); vgl. auch https://www.washingtonpost.com/world/europe/the-islamic-state-creates-a-new-type-of-jihadist-part-terrorist-part-gangster/2015/12/20/1a3d65da-9bae-11e5-aca6-1ae3be6f06d2_story.html?tid=sm_tw. Zugegriffen am 4.1.2016.

[29] S/RES/2199 (2015) v. 12.2.2015 Nr. 10.

Die Bedeutung der OK-Definition liegt wie gesehen also nicht im materiellen Recht. Für statistische Zwecke ist sie ein Hilfsmittel, die vermutete OK-Wirklichkeit in einem einheitlichen OK-Lagebild darzustellen (vgl. u. 2.4.2). Von *wesentlicher* Bedeutung ist die Definition aber im strategisch-polizeilichen Bereich. Auf ihrer Grundlage ist es möglich, innerpolizeiliche und auch innerstaatsanwaltliche Zuständigkeiten zu reklamieren und durchzusetzen. Mit Bezug auf die Definition können Sondereinheiten zur OK-Verfolgung eingerichtet (vgl. 2.3), Verfahren an sich gezogen oder abgelehnt werden.[30] Im Kern ist die Definition ein Legitimationsinstrument für:

- neue Rechtsgrundlagen,
- Zuständigkeitsregelungen,
- die Ressourcenverteilung,
- nationale und internationale Kooperationsformen und
- die Informationssammlung, –analyse, –verarbeitung, –verwertung.[31]

Der deutlichste Beleg für dieses *Nützlichkeitskonzept* ist die Aufnahme der OK-Definition in die Gemeinsamen Richtlinien der Justizminister/-senatoren und der Innenminister/-senatoren der Länder über die Zusammenarbeit bei der Verfolgung der organisierten Kriminalität. Denn genau an der Schnittstelle der Kompetenzverteilung zwischen Polizei und Staatsanwaltschaft, bei den Möglichkeiten der Kooperation und bei der Abgrenzung zwischen Strafverfolgung und Gefahrenabwehr und den damit in Zusammenhang stehenden Folgen wird die Bedeutung der OK-Definition verständlich.

2.3 Das flexible OK-(Nützlichkeits-)Konzept in den Gemeinsamen Richtlinien der Justizminister/-senatoren und der Innenminister/-senatoren der Länder über die Zusammenarbeit bei der Verfolgung der organisierten Kriminalität

Von maßgeblicher Bedeutung für die Verfolgung der organisierten Kriminalität und die Zusammenarbeit zwischen der Staatsanwaltschaft, der Polizei, dem Zoll- und dem Steuerfahndungsdienst, den Finanz- und Zollbehörden und den Ordnungs- und Sonderordnungsbehörden sowie den Dienststellen der Arbeitsverwaltung sind die Gemeinsamen Richtlinien der Justizminister/-senatoren und der Innenminister/-senatoren der Länder über die Zusammenarbeit bei der Verfolgung der organisierten Kriminalität.[32] In der polizeirechtlichen sowie der strafprozessualen Literatur werden

---

[30] *Pütter*, Der OK-Komplex, 1998, S. 285.
[31] Ähnlich a. *Pütter*, Der OK-Komplex, 1998, S. 286.
[32] Abgedruckt bei *Meyer-Goßner/Schmitt*, StPO, Anhang 12 RiStBV Anlage E. Vgl. dort a. die Nw. zu den Erlassen in den Ländern.

2.3 Das flexible OK-(Nützlichkeits-)Konzept...

diese Richtlinien, abgesehen von der darin enthaltenen OK-Definition Justiz/Polizei (sh. o. 2.2), jedoch kaum thematisiert,[33] obwohl sich in ihnen das o. g. *Nützlichkeitskonzept* am deutlichsten widerspiegelt. Inhaltlich sind sie in den Ländern gleich, hinsichtlich der Zuständigkeiten weichen sie im Wortlaut voneinander ab. Grundlage für die Zusammenarbeit zwischen Polizei und Staatsanwaltschaft ist, dass bei Fällen mit OK-Bezug sowohl bei der Staatsanwaltschaft (Nr. 3.2) als auch bei der Kriminalpolizei (Nr. 3.3) besondere OK-Zuständigkeiten eingerichtet werden. An die besonderen OK-Zuständigkeiten werden bestimmte *Aufgaben* (bspw. Koordinierung, Nr. 3.2.1; Ermittlung, Nr. 3.3.1; Informationssammlung, Nr. 3.3.2) sowie bestimmte *Kooperationsformen* (bspw. Informationsaustausch, Nr. 3.2.3 und 3.3.2) gekoppelt. Als Ausgangspunkt für die Bestimmung, was unter OK zu verstehen ist, dient die o. g. OK-Definition der Arbeitsgruppe Justiz/Polizei aus dem Jahr 1990 (Nr. 2.1). Allerdings enthält die Richtlinie auch eine Anlage mit einer umfangreichen *Liste von Indikatoren*, die „einzeln oder in unterschiedlicher Verknüpfung Anlass geben können, einen Sachverhalt der organisierten Kriminalität zuzurechnen". (vgl. Nr. 2.4). Diese Liste ist nicht abschließend und wurde im Jahr 1999 erweitert.[34] Im Vergleich zur OK-Definition wird mit der Indikatorenliste ein noch flexibleres und variableres OK-Konzept in den Ländern zugrunde gelegt, als dies die OK-Definition allein zulassen würde. Damit fand die Praxis einen Ausweg aus der strengen Akzessorietät zwischen der OK-Definition der Arbeitsgruppe Justiz/Polizei und den Zuständigkeitsvorschriften für OK-Ermittlungen im BKAG (§ 4 Abs. 1 Nr. 1 BKAG) und im ZFdG (§ 4 Abs. 4 ZFdG). Sie hat ihn unter Aufweichung der sowieso schon schillernden OK-Definition gefunden, indem das Zuständigkeitsvakuum bei noch nicht feststehendem OK-Verdacht in Richtung Initiativermittlungen zur Feststellung einer OK-Lage verschoben wurde. Mit diesem „eigenem Weg" wurden aber neue prozessuale und funktionale Probleme geschaffen, die im Kern die Frage betreffen, ob Initiativermittlungen überhaupt möglich sind und welche Zuständigkeiten sich daraus ergeben.[35] Geht man mit Nr. 6.1 der Richtlinie davon aus, dass organisierte Kriminalität nur selten „von sich aus offenbar" wird und die Aufklärung und wirksame Verfolgung der organisierten Kriminalität daher voraussetze, dass Staatsanwaltschaft und Polizei „von sich aus im Rahmen ihrer gesetzlichen Befugnisse Informationen gewinnen" oder bereits erhobene Informationen zusammenführen, um Ansätze zu weiteren Ermittlungen zu erhalten (Initiativermittlungen), so kann dies nach richtiger Auffassung im Schrifttum jedenfalls nicht dazu führen, dass die Schwellen zur Einleitung eines Ermittlungsverfahrens „heruntergefahren" werden oder grundrechtsrelevante Ermittlungs- bzw. Gefahrabwendungs*maßnahmen* jenseits des Anfangsverdachtes oder einer Gefahrenlage möglich sein können.[36] Das schließt einerseits die Informationsverarbeitung, -analyse und -sammlung nicht vollständig aus. Aber andererseits kann das Kenntnisvakuum auch nicht auf Kosten

---

[33] *Kinzig* (Fn. 12), S. 120.
[34] Anlage geändert durch Gemeinsame Bekanntmachung v. 29.10.1999, JMBl. S. 186.
[35] Vgl. eingehend dazu a. *Pütter*, Der OK-Komplex, 1998, S. 28 ff.
[36] Vgl. *Schaefer*, FS Hanack, S. 191 ff. (196); *Wolter* ZStW 107 (1995), S. 793 ff. (824).

der tradierten rechtsstaatlichen-strafprozessualen Grundsätze aufgelöst werden. Davon abgesehen bietet die Richtlinie auch im Hinblick auf die Zuständigkeitsverteilung zwischen Staatsanwaltschaft und Polizei in Gemengelagen keine Lösung an. Nr. 6.4 der Richtlinie beschränkt sich auf Folgendes:

„Bei Initiativermittlungen liegen häufig die Elemente der Strafverfolgung und der Gefahrenabwehr in Gemengelage vor oder gehen im Verlauf eines Verdichtungs- und Erkenntnisprozesses ineinander über. Staatsanwaltschaft und Polizei arbeiten auch in diesem Bereich eng zusammen. Für die Zusammenarbeit gelten die Nrn. 4 und 5 sinngemäß mit der Maßgabe, dass

- das Ziel der Initiativermittlungen die Klärung des
- Anfangsverdachts/der Gefahrenlage ist,
- dem Staatsanwalt in Fällen der Gefahrenabwehr
- eine Leitungsbefugnis nicht zusteht."

In Fragen der Zusammenarbeit zwischen Polizei und Staatsanwaltschaft sowie den anderen genannten Behörden ist die Richtlinie zwar der Inbegriff des o. g. Nützlichkeitskonzepts und die Basis für eine koordinierte Vorgehensweise. Mit den Richtlinien sollten auch Lösungen für schwierige Abgrenzungsfragen mit Blick auf Kompetenzabgrenzungen und Befugnissen zur Gefahrenabwehr oder zur Repression und Schnittstellen gefunden werden.[37] Der Spielraum, in welchen Fällen OK vorliegt und welche Zuständigkeiten sich daraus ableiten lassen und in welchen Fällen eine Zusammenarbeit geboten ist, wird durch die Variabilität der Bewertung von Sachverhalten als OK aber eher erschwert als erleichtert.[38] Festzustellen bleibt, dass die Dienststellen die Macht haben, ein Verfahren als OK einstufen oder nicht.[39] Hinzu kommt, dass eine zentrale Frage durch diese Richtlinie nicht beantwortet wurde: die Sachleitungsbefugnis bei Gemengelagen. Vorkehrungen zur Auflösung der Gemengelage werden gerade nicht getroffen.[40]

2.4 Fakten und Zahlen zur organisierten Kriminalität und zur kriminellen Vereinigung in Deutschland und der Europäischen Union

2.4.1 *Empirischer Forschungsstand zur OK in Deutschland*

Trotz vielfacher Bemühungen der Wissenschaft und der Strafverfolgungsbehörden und einiger empirischer Studien besteht noch immer Ungewissheit über das Ausmaß der OK, deren Struktur und Entwicklung in Deutschland. Dies ist zum einen darin

---

[37] *Kinzig* (Fn. 12), S. 118 ff.
[38] Das haben *Weigand/Büchler* (Fn. 17), S. 19 und 171 bereits hinsichtlich der OK-Definition AG Justiz/Polizei konstatiert. Das Problem dürfte sich also durch die noch weicheren Kriterien in der Anlage zur Richtlinie noch verschärft haben.
[39] Vgl. a. *Weigand und Büchler* (Fn. 17), S. 20: „Gleichwohl bleibt festzuhalten, dass Dienststellen Verfahren zu OK ‚machen' können oder nicht."
[40] *Kinzig* (Fn. 12), S. 121.

2.4 Fakten und Zahlen zur OK und zur kriminellen Vereinigung

begründet, dass kein spezifischer Straftatbestand „Organisierte Kriminalität" existiert und § 129 StGB aufgrund der restriktiven Rechtsprechung des Bundesgerichtshofes auf kriminelle Organisationen faktisch keine Anwendung findet.[41] Daten aus der Polizeilichen Kriminalstatistik können deshalb nur bedingt zum Erkenntnisgewinn herangezogen werden (vgl. u. 2.4.3). Zum anderen sind Dunkelfelduntersuchungen in diesem Bereich methodisch nur schwer zu realisieren.

So verwundert es nicht, dass bei deutschen Studien zur organisierten Kriminalität, die insbesondere aus den 1980er- und 1990er-Jahren stammen, vor allem qualitative Experteninterviews und Sekundäranalysen vorherrschen. Die erste deutsche Studie zur organisierten Kriminalität mit Unterstützung der Polizei ist eine Expertenbefragung von *Rebscher* und *Vahlenkamp*.[42] Kurz darauf folgte eine phänomenologische Untersuchung von *Weschke* und *Heine-Heß*,[43] die ebenfalls auf einer Befragung polizeilicher Experten beruht. Die frühen Untersuchungen konstatieren eine Täterverflechtung im Bereich der OK von geringem Organisationsgrad. Neuere Untersuchungen wie die von *Sieber* und *Bögel* – ebenfalls eine Expertenbefragung – zeigen dagegen eine enge Verflechtung und effiziente Logistik auf.[44]

Die bisherigen Untersuchungen können wegen ihrer Beschränkung auf qualitative Expertenbefragungen, aufgrund lokaler Einschränkungen und Schätzungen ohne forensische Überprüfung der Aussagen, der Untersuchung lediglich einiger Teile des Gesamtspektrums organisierter Kriminalität und der fehlenden Aktualität heute nur bedingt für eine belastbare Aussage über „die" OK in Deutschland herangezogen werden. Zudem gehen die einzelnen Untersuchungen nur eingeschränkt aufeinander ein, so dass es bislang nicht gelungen ist, die Entwicklung des Phänomens der OK nachzuzeichnen. Außerdem fand nur selten ein Abgleich der Ergebnisse mit den zum Forschungszeitpunkt bestehenden Definitionsversuchen statt. Insoweit ist also noch immer ein erheblicher Forschungsbedarf zu konstatieren. Eine ganzheitliche Analyse der Arbeitsprozesse in OK-Strafverfahren (Ermittlungs-, Zwischen-, Haupt-, Rechtsbehelfsverfahren) steht bisher noch aus. Soweit ersichtlich, haben sich nur wenige Arbeiten mit der Frage befasst, wie OK-Sachverhalte aufgegriffen und von Polizei und Justiz bearbeitet und zu einem Abschluss geführt werden.

---

[41] Vgl. *Kreß*, JA 2005, S. 220 ff.; *von Heintschel-Heinegg*, FS F.-C. Schroeder, S. 799 ff.; *Maletz*, Kriminalistik 2010, S. 428 ff.

[42] *Rebscher/Vahlenkamp*, Organisierte Kriminalität in der Bundesrepublik Deutschland. Bestandsaufnahme, Entwicklungstendenzen und Bekämpfung aus der Sicht der Polizeipraxis, 1988.

[43] *Weschke/Heine-Heiß*, Organisierte Kriminalität als Netzstrukturkriminalität, Fachhochschule für Verwaltung und Rechtspflege, 1990.

[44] *Sieber/Bögel*, Logistik der Organisierten Kriminalität. Wirtschaftswissenschaftlicher Forschungsansatz und Pilotstudie zur internationalen Kfz-Verschiebung, zur Ausbeutung von Prostitution, zum Menschenhandel und zum illegalen Glücksspiel, 1993; vgl. a. *Sieber*, Die Logistik der Organisierten Kriminalität. Erkenntnisse eines interdisziplinären Forschungsansatzes, 1997, S. 229 ff.; *ders.*, Organisierte Kriminalität in der Bundesrepublik Deutschland, in: Sieber (Hrsg.), Internationale Organisierte Kriminalität. Herausforderungen und Lösungen für ein Europa offener Grenzen, 1997. S. 43 ff.; *Bögel*, Strukturen und Systemanalyse der Organisierten Kriminalität in Deutschland, 1994.

Besonders hervorzuheben ist die Forschungskooperation zwischen dem LKA Baden-Württemberg und dem BKA auf der einen und dem Max-Planck-Institut für ausländisches und internationales Strafrecht in Freiburg (MPI) auf der anderen Seite, in dessen Rahmen 152 von den Polizeidienststellen Baden-Württembergs in den Jahren 1994 bis 1998 bearbeitete OK-Ermittlungsverfahren untersucht wurden. Schwerpunkt der Untersuchung waren die polizeiliche (LKA und BKA)[45] sowie die strafjustizielle Ermittlungs- und Bewältigungspraxis (MPI).[46] Anhand dieser Untersuchungen wird deutlich, dass auf polizeilicher, staatsanwaltlicher und gerichtlicher Ebene nicht nur Unterschiede im Verständnis von organisierter Kriminalität bestehen, sondern dass sich das Ermittlungs- und Strafverfahren durch die Einführung neuer Maßnahmen in den 1990er-Jahren von einem tatorientierten, verdachtsklärenden, retrospektiven und offenen Vorgehen zu einer täterorientierten, verdachtsschöpfenden, proaktiven und verdeckten Arbeitsweise der Strafverfolgungsbehörden gewandelt hat. Dies lässt auf spezifische Strukturen von OK-Verfahren schließen, die von der Praxis in anderen Verfahren abzugrenzen sind.

Trotz der umfassenden Datenerhebung sind diese Erkenntnisse heute jedoch nur noch bedingt für die Lagedarstellung heranziehbar. Zum einen wurden nur Verfahren aus Baden-Württemberg untersucht; eine bundesweite Erhebung der Strukturen von OK-Verfahren steht damit also noch aus. Zum anderen betrachtet die Untersuchung Verfahren nur aus 1994 bis 1998. Damit bildet sie innerstaatliche und gesamtgesellschaftliche Entwicklungen wie die EU-Osterweiterung im Jahr 2004, die die Tatgelegenheitsstrukturen für organisiert begangene Straftaten umwälzte, die Einführung neuer strafprozessualer Ermittlungsinstrumente auf Bundesebene sowie die Vereinbarung einiger völkerrechtlicher Abkommen wie das Übereinkommen der Vereinten Nationen gegen die grenzüberschreitende organisierte Kriminalität von 2000 (UNTOC) und Maßnahmen auf europäischer Ebene (insb. der Rahmenbeschluss 2008/841/JI des Rats zur Bekämpfung der organisierten Kriminalität vom 24.10.2008) nicht ab (vgl. dazu u. 2.5.1). Letzteres gilt im besonderen Maße auch für die Arbeit von *Pütter* aus dem Jahr 1998, der primär der Frage nachgeht, welche Strukturveränderungen in der polizeilichen Arbeit durch die Verfolgung organisierter Kriminalität zu beobachten sind, und anhand von Expertenbefragungen detaillierte Feststellungen u. a. zur Konzeption von OK-Ermittlungen, zur Organisation polizeilicher und staatsanwaltlicher OK-Dienststellen und zu den maßgeblichen Entscheidungsprozessen trifft.[47] Weitere Untersuchungen von explizit zur Bekämpfung der organisierten Kriminalität eingeführten Ermittlungsmaßnahmen wiederum sind entweder nicht spezifisch auf das Phänomen der organisierten Kriminalität ausgerichtet oder untersuchen das Ermittlungsverfahren nicht als Ganzes,[48] während andere Studien den Schwerpunkt auf die

---

[45] *Weigand/Büchler*, Ermittlungs- und Sanktionserfolge der OK-Ermittlungen in Baden-Württemberg, 2002.
[46] *Kinzig* (Fn. 12).
[47] *Pütter,* Der OK-Komplex. Organisierte Kriminalität und ihre Folgen für die Polizei, 1998.
[48] Bspw. *Backes/Gusy*, Wer kontrolliert die Telefonüberwachung? Eine empirische Untersuchung zum Richtervorbehalt bei der Telefonüberwachung, 2003; *Mühlhoff/Pfeiffer*, ZRP 2000, S. 121 ff.; *Meyer-Wieck*, Rechtswirklichkeit und Effizienz der akustischen Wohnraumüberwachung („großer Lauschangriff") nach § 100c Abs. 1 Nr. 3 StPO, 2004.

rechtsdogmatische, nicht aber die empirische Evaluation dieser Maßnahmen legen.[49] Mit Blick auf drei Jahrzehnte (polizeilicher) OK-Forschung kann festgestellt werden, dass die Befunde kein einheitliches Bild der OK und der OK-Entwicklung in Deutschland zeichnen. Höchst umstritten ist daher, inwieweit die definitorisch festgelegte Bestimmung der organisierten Kriminalität das Phänomen tatsächlich erfasst.[50]

2.4.2 Die OK-Lage in Deutschland

Das Bundeslagebild „Organisierte Kriminalität" wird seit 1991 erstellt und spiegelt seit diesem Zeitpunkt die sich im Hellfeld der Strafverfolgungsbehörden abzeichnende OK-Situation in Deutschland wider. Dabei wurde in der Vergangenheit erhebliche Kritik an dessen Aussagewert geäußert, die vor allem auf den Mangel an qualitativen Daten und fehlende Transparenz abstellte.[51] Die vor dem Hintergrund dieser Kritik 1998 eingeführte qualitative Auswertung von OK-relevanten Informationen ist seither jedoch noch keiner Untersuchung zugeführt worden. Grundlage für die Erfassung von OK ist die o. g. OK-Definition der Arbeitsgruppe Justiz/Polizei,[52] die das Phänomen der organisierten Kriminalität abstrakt beschreibt und gegenüber den Kriminalitätsformen der allgemeinen Kriminalität abgrenzt und qualifiziert. Aufgrund dieser Definition stellt sich die OK-Lage wie folgt in den letzten Jahren dar:

2.4.2.1 OK-Verfahren

Im Jahr 2012 wurden mit dieser Definition 568,[53] im Jahr 2013 580[54] und im Jahr 2014 571[55] Verfahren erfasst. In den letzten Jahren ist die Anzahl der Verfahren also stabil geblieben.

2.4.2.2 OK-Potential

Bundesweit stieg bis 2011 das durchschnittliche OK-Potential der von den zuständigen Strafverfolgungsbehörden als OK eingestuften kriminellen Gruppierungen kontinuierlich an: So erreichte das OK-Potential der erkannten Gruppierungen 2011 erstmals die Höchstmarke von 44,1 Pkt.[56] Seit 2012 sinkt das OK-Potential

---

[49] *Gropp u. a.* (Fn. 7).
[50] Vgl. z. B. *Weigand/Büchler*, Kriminalist 2002, S. 661 ff.
[51] Vgl. *Jacobi*, Das Lagebild Organisierte Kriminalität – Bedeutung, Kritik, Möglichkeiten der Erarbeitung, 1990, S. 35 ff.; *Pfeiffer*, Organisierte Kriminalität – Empirische Erkenntnisse und Erkenntnismöglichkeiten, 1995; *Falk*, Beschreibung und Analyse von Organisierter Kriminalität. Defizite und Fortentwicklungsmöglichkeiten, in: Bundeskriminalamt (Hrsg.), 1997.
[52] Vgl. o. Fn. 11.
[53] Bundeslagebild OK 2012, S. 4.
[54] Bundeslagebild OK 2013, S. 6.
[55] Bundeslagebild OK 2014, S. 6.
[56] Bundeslagebild OK 2011, S. 17.

(2012: 42,7 Pkt.[57]; 2013: 42,1 Pkt.[58]) und es ist im Jahre 2014 mit 41,5 Pkt. auf dem Tiefststand seit 2004.[59]

Bei der Ermittlung des OK-Potentials handelt es sich um eine qualitative Bewertung des Organisations- und Professionalisierungsgrades der OK- Gruppierungen. Es wird aus der Anzahl und Gewichtung der jeweils zutreffenden Indikatoren aus der Liste der „Generellen Indikatoren zur Erkennung OK-relevanter Sachverhalte" der OK-Definition der Arbeitsgruppe Justiz/Polizei[60] errechnet. Es erfolgt eine Bewertung der Tatphasen nach Vorbereitung und Planung der Tat, Ausführung der Tat und Verwertung der Beute. Von ganz entscheidender Bedeutung sind die Ermittlungsdauer und der Ressourcenansatz. Ein niedriges OK-Potential lässt daher nicht ohne weiteres auf einen geringen Organisations- und Professionalisierungsgrad schließen.[61]

Zwischen 2000 und 2011 nahm der Anteil an OK-Verfahren, die über ein hohes OK-Potential von über 60 Pkt. verfügen, an den insgesamt gemeldeten Verfahren kontinuierlich zu: Während 2000 nur knapp 10 % der Verfahren über 60 Pkt. erreichten, waren es 2011 15,8 % der Verfahren.[62] Seit 2012 ist ein abnehmender Trend zu beobachten (2012: 14 %[63]; 2013: 12,9 %[64]; 2014: 10,4 %[65]), und es wurde knapp das Niveau aus dem Jahre 2000 festgestellt.

2.4.2.3 Schäden

Die durch OK verursachten Schäden haben sich seit 2012 halbiert (2012: 1,1 Milliarden Euro[66]; 2013: 720 Millionen[67]; 2014: 539 Millionen[68]).

2.4.2.4 Internationalisierung

Der Anteil der OK-Verfahren mit internationaler Tatbegehung ist in den letzten Jahren leicht schwankend, aber stabil (2012: 84 %[69]; 2013: 78,3 %[70]; 2014: 80,2 %[71]). Bereits im Jahre 2000 wiesen 78 % aller OK-Verfahren einen internationalen Bezug

---

[57] Bundeslagebild OK 2012, S. 10.
[58] Bundeslagebild OK 2013, S. 12.
[59] Bundeslagebild OK 2014, S. 13.
[60] Vgl. o. Fn. 11.
[61] Vgl. die methodische Erklärung des OK-Potentials zuletzt im Bundeslagebild OK 2014, S. 13.
[62] Bundeslagebilder OK 2000, S. 18; 2011, S. 17; 2012, S. 10 (abrufbar unter www.bka.de).
[63] Bundeslagebild OK 2012, S. 10.
[64] Bundeslagebild OK 2013, S. 13.
[65] Bundeslagebild OK 2014, S. 13.
[66] Bundeslagebild OK 2012, S. 4.
[67] Bundeslagebild OK 2013, S. 6.
[68] Bundeslagebild OK 2014, S. 6.
[69] Bundeslagebild OK 2012, S. 5.
[70] Bundeslagebild OK 2013, S. 7.
[71] Bundeslagebild OK 2014, S. 7.

auf.[72] Die Bundesregierung führt die zunehmend zu beobachtende Internationalisierung auch auf die Nutzung des Internets zurück.[73]

2.4.3 Die Lage zur kriminellen Vereinigung in Deutschland

Wie gesehen beruhen die OK-Daten auf einer seit 1990 für statistische, präventive und strategische Zwecke beruhenden Definition der OK (s.o. 2.3 „Nützlichkeitskonzept"). Diese Definition findet jedoch keine Entsprechung in der justiziellen Verfolgung des Phänomens „OK". Das OK-typische Delikt ist die Mitgliedschaft in einer kriminellen Vereinigung. Mit diesem Delikt werden der Organisationsgrad und die regelhafte Willensbildung sowie das damit einhergehende Potential wiederholter Tatbegehung schwerer Straftaten erfasst. Mit „Bande" werden demgegenüber weniger gefährliche Gruppierungen beschrieben, und das Merkmal „Bande" wird als ein qualifiziertes Merkmal bestimmten Grundtypen von Delikten hinzugefügt (vgl. dazu noch 2.5). Die Interpretation und Auslegung der Merkmale des § 129 StGB werden von der Praxis jedoch (sh. u. zur Rspr. 2.5.3) sehr eng gefasst, was sich auch in den Verfahrenszahlen zu § 129 StGB in der PKS niederschlägt:

Im Jahr 2012 wurden in der PKS 31 Fälle erfasst.[74] Im Jahr 2013 waren es nur 17[75] und im Jahr 2014 22 Verfahren.[76] Die Diskrepanz zwischen den Verfahrenszahlen im OK-Lagebild und in der PKS ist extrem auffällig (Abb. 2.1).

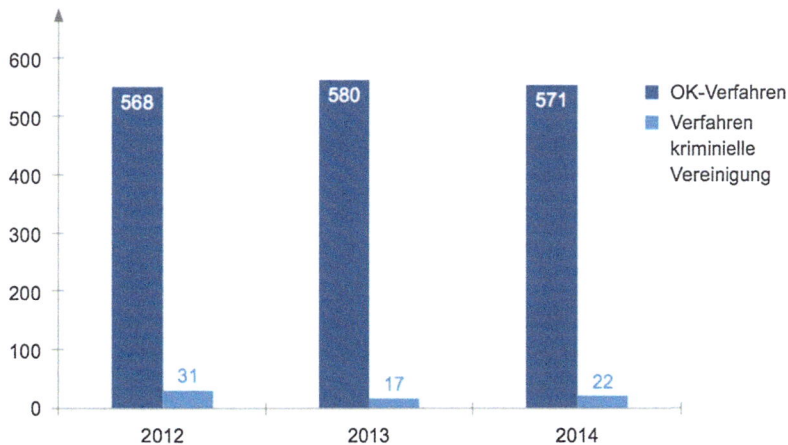

Abb. 2.1 Vergleich OK-Verfahren/Verfahren kriminelle Vereinigung PKS 2012–2014

---

[72] Bundeslagebild OK 2000, S. 10.
[73] Vgl. BT-Drs. 18/2404, S. 9.
[74] PKS 2012, S. 58. Die PKS sind abrufbar unter www.bka.de.
[75] PKS 2013, S. 70.
[76] PKS 2014, S. 84.

Die Verfahrenszahlen zur *Bandenkriminalität* vermögen diese Diskrepanzen nicht aufzulösen. Das liegt *zum einen* daran, dass nicht alle Bandendelikte jeweils einzeln ausgewiesen werden. Die gewerbs-/bandenmäßige Begehung ist allein bei den Straftatengruppen

- Verbreitung kinderpornographischer Schriften (Erzeugnisse) durch gewerbs-/bandenmäßiges Handeln gemäß § 184b Abs. 3 StGB
- Verbreitung jugendpornographischer Schriften (Erzeugnisse) durch gewerbs-/bandenmäßiges Handeln gemäß § 184c Abs. 3 StGB
- gewerbs- oder bandenmäßiger Menschenhandel zum Zweck der sexuellen Ausbeutung gemäß § 232 Abs 3 Nr. 3 StGB
- gewerbs- oder bandenmäßiger Menschenhandel zum Zweck der Ausbeutung der Arbeitskraft gemäß § 233 Abs. 3 mit Verweis auf § 232 Abs. 3 Nr. 3 StGB
- gewerbs- und bandenmäßiges Geldfälschung gemäß § 146 Abs. 2 StGB
- Bandenhehlerei von Kfz gemäß § 260 Abs. 1 Nr. 2 StGB
- gewerbsmäßige Bandenhehlerei von Kfz gemäß § 260a StGB
- sonstige Bandenhehlerei gemäß § 260 Abs. 1 Nr. 2 StGB
- sonstige gewerbsmäßige Bandenhehlerei gemäß § 260a StGB
- Bestechlichkeit – gewerbsmäßig oder als Mitglied einer Bande gemäß § 335 Abs. 2 Nr. 3 StGB
- Bestechung – gewerbsmäßig oder als Mitglied einer Bande nach § 335 Abs. 2 Nr. 3 StGB
- Bestechlichkeit und Bestechung, gewerbsmäßig oder als Mitglied einer Bande gemäß § 300 Satz 2 Nr. 2 StGB
- Einschleusen mit Todesfolge; gewerbs- und bandenmäßiges Einschleusen von Ausländern gemäß § 97 Aufenthaltsgesetz
- gewerbs- und bandenmäßiges Einschleusen von Ausländern gemäß § 97 Abs. 2 Aufenthaltsgesetz
- gewerbs- und bandenmäßige Verleitung zur missbräuchlichen Asylantragstellung gemäß § 84a Asylverfahrensgesetz
- Betäubungsmittelanbau, -herstellung und -handel als Mitglied einer Bande gemäß §§ 30 Abs. 1 Nr. 1, 30a BtMG

ausgewiesen (Stand: 2014). Andere ebenfalls OK-relevante Tätigkeiten im Zusammenhang mit Eigentums- und Gewaltkriminalität[77] werden nicht transparent dargestellt, obwohl im „Bundeslagebild OK" bestimmte OK-typische Straftatengruppen genannt werden. Wollte man die OK in der PKS über die Bande erfasst wissen wollen, so lassen dies die PKS-Kategorien gerade nicht zu.

---

[77] Bspw. der Bandendiebstahl, § 244 Abs. 1 Nr. 2 StGB, schwerer Bandendiebstahl, § 244a Abs. 1 StGB, schwerer Raub, § 250 Abs. 1 Nr. 2 StGB; Erpressung, § 253 Abs. 4 StGB; Geldwäsche § 261 Abs. 1 Nr. 4 und 5 StGB.

2.4 Fakten und Zahlen zur OK und zur kriminellen Vereinigung

Zum anderen kann aber auch nicht aus dem Vorliegen eines Bandendeliktes unmittelbar auf OK geschlossen werden, weil der OK-Begriff und dessen Merkmale enger sind als bei der Bande. Es gilt nur, dass bei Vorliegen von OK auch eine Bande anzunehmen ist. Immerhin kann aber grundsätzlich aus den auf dem additiven Verfahren beruhenden Erkenntnissen des LKA Baden-Württemberg gefolgert werden, dass mit der Bildung von Banden auch Potential für die Entstehung von OK einhergeht, selbst wenn es sich definitorisch (noch) nicht um OK handelt.

Die 2001 in Baden-Württemberg auf der Grundlage des additiven Verfahrens begonnene Analyse der Vorfeldlage OK (Bandenlage) dient dazu, Mehrtätergruppierungen auf ihr OK-Potential hin zu untersuchen. Dadurch wird die Qualität von Mehrtätergruppierungen anhand der jeweiligen Ausprägung der einzelnen Merkmale der OK-Definition der Arbeitsgruppe Justiz/Polizei[78] ermittelt, so dass nicht nur OK, sondern auch Bandenverfahren auf ihr OK-Potential hin bewertet werden können. In den letzten Jahren häufen sich Fälle von Tätergruppierungen, die zwar nicht die genannte Definition der OK erfüllen, jedoch nach dem additiven Verfahren ein erhöhtes OK-Potential aufweisen (zuletzt durchschnittlich 13,5 Pkt).[79] Diesen Trend bestätigte Ende 2014 auch die Bundesregierung: „In europaweiten Strukturen, z. B. bei Ladendiebstählen oder im Bereich der Wohnungseinbruchsdelikte, gehen auch Massendelikte der Eigentumskriminalität mit Strukturen der OK einher."[80]

Es liegt nahe, dass in die Verfahrenszahlen zu den bandenmäßig begangenen Delikten, die in der PKS ausgewiesen werden, eine Vielzahl von OK-Verfahren, die mit dem Lagebild erfasst werden, einfließen. Klar ist aber auch, dass die OK-Verfahrenszahlen mit den Daten zur kriminellen Vereinigung nicht übereinstimmen. Im „Zweiten Periodischen Sicherheitsbericht" aus dem Jahre 2006 wird zu diesem Datendilemma lapidar ausgeführt: „Teilweise passen einfach nach wie vor die Kategorien der statistischen Nachweise noch nicht."[81] Aber auch zehn Jahre nach dieser Aussage wurde keine Abhilfe geschaffen.

Die Zahlen der PKS werden schließlich auch durch die Strafverfolgungsstatistik der letzten Jahre bestätigt. Auch diese Statistik hat einen kaum wahrnehmbaren Bezug zu den Daten aus den Lagebildern. So wurden im Jahr 2013 wegen der Bildung einer kriminellen Vereinigung zwölf Personen abgeurteilt (sieben Verurteilungen).[82] Im Jahr 2012 wurden sieben abgeurteilte Personen erfasst. (sechs Verurteilungen).[83] Für 2014 liegen noch keine Zahlen vor.

---

[78] Vgl. o. Fn. 11.
[79] Jahresbericht OK LKA BW 2014, S. 13 (https://www.polizei-bw.de/Dienststellen/LKA/Documents/2014_Organisierte_Kriminalitaet.pdf. Zugegriffen am 31.1.2016.
[80] BT-Drs. 18/2404, S. 9.
[81] Zweiter Periodischer Sicherheitsbericht, 2006, S. 450.
[82] Statistisches Bundesamt, Fachserie 10, Reihe 3, 2013, S. 28 f, abrufbar unter www.destatis.de.
[83] Statistisches Bundesamt, Fachserie 10, Reihe 3, 2012, S. 26 f.

2.4.4 Die Lage zur OK und zur kriminellen Vereinigung in der Europäischen Union

Grundlage für das Lagebild über die organisierte Kriminalität in der Europäischen Union ist der Bericht „EU Serious and Organised Crime Threat Assessment" (SOCTA) Europols. Dieser im Jahr 2013 erstmals von Europol erstellte Bericht im Bereich der schweren und organisierten Kriminalität bildete die Grundlage für die Annahme von neun Prioritäten der Kriminalitätsbekämpfung für den Zeitraum bis 2017.[84] Als Ausgangspunkt und Maßstab für die Datenerhebung dient der Rahmenbeschluss des Rates zur Bekämpfung der organisierten Kriminalität vom 24.10.2008,[85] in dem u. a. eine Definition zur kriminellen Vereinigung enthalten ist (vgl. dazu noch 2.5.1.1).[86] Der SOCTA geht von 3.600 auf dem Territorium der EU bekannten Organised Crime Groups (OCGs) aus.[87] Profitorientierung, Multinationalität, Mobilität, eine hohe Flexibilität, grenzüberschreitende Arbeitsweise und die Nutzung des Internets zeichnen diese Gruppen aus.[88] Dieser Trend zur Flexibilität und Internationalisierung wird von einer Studie aus Großbritannien bestätigt. Ein über Großbritannien, Deutschland, die Niederlande und Pakistan verbundenes Netzwerk wechselte vom illegalen Drogenhandel in die illegale Einfuhr von Tabak.[89] Im SOCTA werden auch hierarchische OK-Strukturen noch erwähnt,[90] aber mehr und mehr rückt die Bildung krimineller Netzwerke in den Blick.[91] Kriminelle Gruppierungen gehen Allianzen miteinander ein, um Märkte und Einflussgebiete untereinander aufzuteilen.[92] 70 % der OCGs sind personell multinational zusammengesetzt.[93] Der Markt für illegale Drogen ist nach wie vor der

---

[84] Schlussfolgerungen des Rates über die Festlegung der Prioritäten für die Bekämpfung der organisierten Kriminalität in den Jahren 2014 bis 2017 (Ratsdok. 12095/13 vom 26.7.2013). Dort werden Prioritäten in neun Themenfeldern ausgewiesen: Schleusung/illegale Einwanderung, Menschenhandel, Produktfälschungen mit Auswirkungen auf Sicherheit und Gesundheit, Verbrauchssteuer-/Karussellbetrug, synthetische Drogen, Heroin/Kokain, Cyberkriminalität, illegaler Handel mit Feuerwaffen und organisierte Eigentumskriminalität.

[85] Rahmenbeschluss 2008/841/JI, vgl. AblEG. L 300/42 vom 11.11.2008, in Kraft seit 11.11.2008, Umsetzungsfrist 10.5.2010.

[86] In der englischen Fassung lautet der Begriff „criminal organisation".

[87] Europol SOCTA 2013, S. 33 (https://www.europol.europa.eu/content/eu-serious-and-organised-crime-threat-assessment-socta. Zugegriffen am 31.1.2016.

[88] Europol SOCTA 2013 (Fn. 87), S. 33 ff.; EU-Parlament, Bericht über organisiertes Verbrechen, Korruption und Geldwäsche: Empfohlene Maßnahmen und Initiativen (Schlussbericht) v. 26.9.2013 (2013/2107(INI)), S. 14.; vgl. auch die Bundesregierung, BT-Drs. 18/2404, S. 9.

[89] *Edwards/Jeffray*, RUSI Whitehall Report 3–14, On Tap. Organised Crime and the Illicit Trade in Tobacco, Alcohol and Pharmaceuticals in the UK, 2014, S. IX.

[90] Vgl. *Albrecht*, Organisierte Kriminalität. Theoretische Erklärungen und empirische Befunde. Revista da Faculdade de Direito da Universidade de São Paulo 105 (2010), S. 259 ff.; Europol SOCTA 2013 (Fn. 87), S. 33.

[91] Europol SOCTA 2013 (Fn. 87), S. 33 ff.

[92] Vgl. EU-Parlament (Fn. 88), S. 13.

[93] Europol SOCTA 2013 (Fn. 87), S. 34.

2.4 Fakten und Zahlen zur OK und zur kriminellen Vereinigung

Markt, auf dem die meisten organisierten kriminellen Gruppen (etwa ein Drittel) aktiv sind. Bereits 30 % der OCGs sind allerdings inzwischen in verschiedenen Märkten (poly-crime) aktiv.[94] Wirtschaftskriminalität und insbesondere Betrug haben ganz erheblich zugenommen, wobei betrügerische Aktivitäten durch die Verfügbarkeit besserer Kommunikationsmittel und technischer Tools, die Online-Targeting von Einzelpersonen und Unternehmen ermöglichen, stark erleichtert werden. Bei einigen Bedrohungen wie synthetischen Drogen und Internetkriminalität ist trotz der Maßnahmen, die zu ihrer Bekämpfung auf nationaler, EU- und internationaler Ebene ergriffen wurden, eine Zunahme festzustellen. Andere Bedrohungen wie Menschen- und Kokainhandel nehmen zwar nicht in dem gleichen Maße zu, werden aber voraussichtlich auch in den kommenden Jahren eine ernstzunehmende Gefahr für die EU darstellen. Die Verschmelzung von OCGs und Terrorismus sei in der EU bisher nur eine Randerscheinung.[95]

Das EU-Parlament geht davon aus, dass die durch die OCGs verursachten Schäden für die Unternehmen sich auf jährlich 670 Milliarden Euro belaufen.[96] Die Gewinne werden aus den klassischen und neuen Märkten „erwirtschaftet": Menschenhandel, illegaler Handel mit und Schmuggel von Organen, Waffen, Drogen und ihren Ausgangsstoffen, nuklearen, radiologischen, biologischen, chemischen Substanzen sowie auch verschreibungspflichtigen Pharmazeutika, bedrohten Tier- und Pflanzenarten sowie Teilen von diesen, jeder Form von Tabak, Kunstgegenständen und jede Art von Produktfälschung.[97] Die Reichweite dieser kriminellen Verhaltensweisen ist enorm, denn verletzt und gefährdet werden sowohl kollektive als auch Individualrechtsgüter: Es geht u. a. um Steuerverluste für die Europäische Union und die Mitgliedstaaten, Gefährdungen und Verletzungen der Verbraucher, Gefährdung der öffentlichen Gesundheit sowie die Verletzung des Rechts am geistigen Eigentum der Produktionsfirmen. Außerdem steht die Sauberkeit der öffentlichen Verwaltung, die durch Korruption unterwandert, und die Integrität des Wirtschaftssystems, das durch Geldwäsche und Wirtschaftskriminalität infiltriert werden kann, auf dem Spiel. Der Lebensraum (Umwelt) wird durch verschiedene Formen des Abfallhandels und der illegalen Abfallbeseitigung sowie der Zerstörung des Umwelt-, Landschafts-, Kunst- und Kulturerbes gefährdet.

Vergleicht man den SOCTA mit dem Bundeslagebild OK, so sind bei der Typisierung dessen, was OK „macht" viele Gemeinsamkeiten erkennbar. Demgegenüber sind die Berichte nicht deckungsgleich in dem, was OK „ist". Sie gehen von unterschiedlichen OK-Definitionen aus. Während für das Bundeslagebild die mehrfach erwähnte und einem Nützlichkeitskonzept entsprungene OK-Definition der AG

---

[94] Vgl. Europol SOCTA 2013 (Fn. 87), S. 33; vgl. a. unten 3.1.3 für Polen und den Bericht des HMRC/Border Force, Tackling illicit tobacco: From leaf to light, The HMRC and Border Force strategy to tackle tobacco smuggling, 2015, S. 4 zu Großbritannien (https://www.gov.uk/government/uploads/system/uploads/attachment_data/file/418732/Tackling_illicit_tobacco_-_From_leaf_to_light__2015_.pdf. Zugegriffen am 5.2.2016.
[95] Vgl. Europol SOCTA 2013 (Fn. 87), S. 35.
[96] Vgl. EU-Parlament (Fn. 88), S. 14.
[97] Vgl. EU-Parlament (Fn. 88), S. 14.

Justiz/Polizei herangezogen wird, verfolgt die EU mit dem SOCTA einen eher *rechtlichen Ansatz* und stellt auf den Rahmenschluss zur Bekämpfung der organisierten Kriminalität ab. Die Verwerfungen zwischen der Wahrnehmung des OK-Phänomens auf nationaler Ebene und EU-Ebene sind offensichtlich.

2.4.5 *Schwierigkeiten bei der Aufklärung von OK*

Die Aufklärung von OK-Komplexen erweist sich immer wieder als äußerst zeit- und kostenintensiv. Dies ist insbesondere darauf zurückzuführen, dass kriminelle Organisationen nach bisherigen Erkenntnissen ein hohes Maß an Konspirativität aufweisen, die, verbunden mit der beobachtbaren Arbeitsteilung und Internationalität der Deliktsbegehung, zu erheblichen Schwierigkeiten in der Aufdeckung der *Strukturen* der in Frage stehenden Mehrtätergruppierungen führt. Damit ist die OK der Kontrollkriminalität zuzuschreiben, weshalb nicht nur ein hohes Dunkelfeld zu vermuten ist, sondern vielfach die Notwendigkeit sog. Initiativermittlungen (vgl. dazu o. 2.3) zur Erkenntnisgewinnung und Verdachtsschöpfung eingefordert wird. Solche Ermittlungen setzen jedoch die Klärung der Erscheinungsformen der OK voraus und dürfen die strafprozessualen Grundsätze nicht außer Kraft setzen. Ferner lassen eine stark milieu- und ethnienspezifische Vorgehensweise der Strafverfolgungsbehörden sowie ein stark differierendes Meldeverhalten der OK-Meldediensstellen[98] erhebliche Probleme in der Handhabung der OK-Definition[99] vermuten, so dass möglicherweise nicht nur die OK-Lagebilder auf Bundes- sowie Landesebene die rechtstatsächliche Lage nicht hinreichend abbilden, sondern auch andere Kriminalitätsbereiche, die nicht zu den traditionell von organisierter Kriminalität begangenen Delikten gezählt werden wie bspw. solche der Umwelt- oder Wirtschaftskriminalität, bislang unter Umständen ungerechtfertigt in ermittlungsstrategischen Prozessen ausgeblendet werden.[100] Es besteht mithin ein großer Bedarf, OK-Ermittlungsverfahren nicht nur zu effektivieren, sondern vielmehr auf tatsächlich bestehende OK-Strukturen zu konzentrieren. Für beide Ziele sind eine Standortbestimmung der jahrzehntelangen OK-Verfolgung und eine strategische Neuorientierung zum Wesen der OK unabdingbar.

Wie unter 2.3 ausgeführt wurde, sollen OK-Ermittlungen auf der Grundlage von Richtlinien in Spezialeinheiten bei der Polizei und der Justiz konzentriert und koordiniert werden. Eine erfolgreiche Konzentration der Ermittlungen sowie eine Koordination nicht selten behördenübergreifender Ermittlungen insbesondere mit dem Zoll hängt nicht zuletzt davon ab, welche Behörde die Ermittlungen führt. In diesem Zusammenhang ist es von Bedeutung, dass in bestimmten OK-Komplexen sowohl dem Bundeskriminalamt als auch dem Zollfahndungsamt nebeneinander

---

[98] Vgl. zu den regionalen Unterschieden *Kinzig* (Fn. 12), S. 292 ff.
[99] Vgl. *Weigand/Büchler* (Fn. 17), S. 21 f. und 101.
[100] Kritisch a. *Weigand/Büchler* (Fn. 17), S. 30.

2.4 Fakten und Zahlen zur OK und zur kriminellen Vereinigung

Kompetenzen eingerichtet wurden, die bis auf informelle Koordination bisher unverbunden geblieben sind. Gemäß § 4 Abs. 1 Nr. 1 BKAG nimmt das Bundeskriminalamt „die polizeilichen Aufgaben auf dem Gebiet der Strafverfolgung wahr

1. in Fällen des international organisierten ungesetzlichen Handels mit Waffen, Munition, Sprengstoffen, Betäubungsmitteln oder Arzneimitteln und der international organisierten Herstellung oder Verbreitung von Falschgeld, die eine Sachaufklärung im Ausland erfordern, sowie damit im Zusammenhang begangener Straftaten einschließlich der international organisierten Geldwäsche, (…)."

Die Ermittlung in Fällen organisierter Kriminalität gehört, soweit die Delikte im originären Zuständigkeitsbereich der Zollfahndung liegen, aber auch zu den Schwerpunktaufgaben der Zollfahndung.[101] Gemäß § 1 Abs. 3c, 12b ZollVG hat die Zollfahndung ebenfalls eine originäre Ermittlungszuständigkeit zur Bekämpfung der Geldwäsche (§ 261 StGB):

§ 1 ZollVG
(3c) Die Zollfahndungsämter haben unabhängig von ihrer Zuständigkeit nach § 208 Abs. 1 der Abgabenordnung die Aufgaben, die international organisierte Geldwäsche sowie damit in Zusammenhang stehende Straftaten, soweit diese in Verbindung mit dem Wirtschaftsverkehr mit Wirtschaftsgebieten außerhalb des Geltungsbereichs dieses Gesetzes stehen, zu erforschen und zu verfolgen.

§ 12b ZollVG
Die Zollfahndungsämter und ihre Beamten haben bei der Erfüllung ihrer Aufgaben nach § 1 Abs. 3c dieselben Rechte und Pflichten wie die Behörden und Beamten des Polizeidienstes nach den Vorschriften der Strafprozessordnung; ihre Beamten sind Ermittlungspersonen der Staatsanwaltschaft.

In den Fällen der „international organisierten Geldwäsche" ist dieser Kompetenzkonflikt offensichtlich. Aber auch in anderen Bereichen, die relevant für OK-Ermittlungen des BKA sein können, sind Überscheidungen denkbar, was an den zahlreich in Nebengesetzen verstreuten Sonderzuständigkeiten für den Zollfahndungsdienst liegt.[102] Die Gefahr, dass OK-Komplexe zwischen den

---

[101] *Harder*, in: Handbuch Wirtschafts- und Steuerstrafrecht, 4. Aufl., 2014, 22. Kap. Rn. 32.
[102] § 208 Abs. 1 Nr. 1 und 2 AO für die Steuerstraftaten nach § 369 AO, wozu auch die Verstöße gegen alle Verbote und Beschränkungen im grenzüberschreitenden Warenverkehr nach § 372 AO (Bannbruch) gehören (vgl. § 369 AO); § 37 MOG für Verstöße gegen die Vorschriften der EU i. R. der Marktorganisationen in der Form der Steuerhinterziehung gemäß § 370 AO, § 35 MOG und des Betrugs gemäß §§ 263, 264 StGB sowie der Begünstigung dazu, auch wenn es sich um Taten außerhalb der Bundesrepublik handelt (§ 35 MOG, § 6 Nr. 8 StGB); § 37 AWG (= § 21 AWG-Novelle) für Verstöße gegen das Außenwirtschaftsrecht und das KWKG; § 1 Abs. 3c, § 12b ZollVG für die Bekämpfung der Geldwäsche; § 8 GÜG zur Verfolgung illegaler Abzweigungen von sog. Drogenvorprodukten (precursor); § 73 BNatSchG bei der Verfolgung illegalen Verbringens geschützter Tiere und Pflanzen; § 20 CWÜAG bei Verstößen gegen das Verbot der Entwicklung, Herstellung, Lagerung usw. von chemischen Waffen; vgl. a. BGH, NStZ 1990, 38 ff., wonach für Delikte der allgemeinen Kriminalität, soweit diese tateinheitlich begangen wurden, eine Zuständigkeit begründet ist; vgl. a. OLG Braunschweig, wistra 1998, 71 f., wonach auch eine Zuständigkeit für nichtsteuerliche Delikte besteht, soweit eine Tat im strafprozessualen Sinne vorliegt. Aufstellung der Sonderzuständigkeiten nach *Harder* (Fn. 101), Rn. 30.

Zuständigkeiten von BKA und Zoll „zerrieben" werden und dass positive und negative Kompetenzkonflikte die Ermittlungen behindern, besteht also.

Die Zuständigkeitsvarianten wachsen auf nationaler Ebene sogar noch an, wenn man einzelne Produktgruppen, die für OK attraktiv sind, betrachtet. Neben die potentiellen OK-Zuständigkeiten, Informationsplattformen und Kooperationsmöglichkeiten treten weitere Foren. So existieren in Deutschland bspw. verschiedene Organisationseinheiten zur Verfolgung von Straftaten gegen das Arzneimittelgesetz, worunter auch Produktfälschungen fallen. Beim BKA, bei den Landeskriminalämtern sowie bei den Polizeibehörden der Bundesländer sind Fachdienststellen für die Bekämpfung der Arzneimittelkriminalität eingerichtet. Auch beim Zollkriminalamt und beim Zollfahndungsdienst sind spezielle Organisationseinheiten zuständig. In vielen Fällen werden bei diesen Dienststellen neben Arzneimitteldelikten auch z. B. Betäubungsmittel-, Wirtschaftsdelikte oder Umwelt- und Betrugsdelikte bearbeitet. Die Ausstattung der Fachdienststellen für Arzneimittelkriminalität unterscheidet sich grundsätzlich nicht von anderen Dienststellen der jeweiligen Behörde. Im besten Fall sind in auf Arzneimittelstraftaten spezialisierten Dienststellen Mitarbeiter eingesetzt, die sich schon lange mit diesem Thema beschäftigen und über entsprechende Erfahrungen und Kontakte verfügen. Vereinzelt gibt es in den Bundesländern „Runde Tische" oder andere Austauschplattformen, auf denen sich die Strafverfolgungsbehörden mit anderen behördlichen oder privaten Akteuren zu strategischen oder präventiven Aspekten der Arzneimittelkriminalitätsbekämpfung austauschen. Seit Juli 2014 existiert eine „Bund/Länder-Arbeitsgruppe Arzneimittelfälschungen", der Vertreter des Bundesinstituts für Arzneimittel und Medizinprodukte (BfArM), des Paul-Ehrlich Instituts (PEI), des Bundesministeriums für Gesundheit (BMG), des Bundeskriminalamts (BKA), des Zollkriminalamts (ZKA) sowie der Landesüberwachungsbehörden angehören.[103] Ziel ist es, Maßnahmen auf Länder-, Bundes- und europäischer Ebene bestmöglich zu koordinieren und die laufenden Ermittlungen zu unterstützen. So wird bspw. anhand der Lieferscheine der Parallelhändler in Zusammenarbeit mit den europäischen Behörden die Legalität der Lieferwege überprüft. Diese Maßnahme erfolgt in enger Zusammenarbeit mit der European Medicines Agency (EMA). Darüber hinaus ist das BKA an internationalen Gremien beteiligt wie der Working Group of Enforcement Officers (WGEO) und dem Permanent Forum on International Pharmaceutical Crime (PFIPC).

Auch auf internationaler Ebene sind die Probleme bei der OK-Verfolgung offensichtlich. Zwar wurden in der EU zahlreiche Institutionen gegründet und rechtliche Bedingungen zum Datenaustausch etc. geschaffen (vgl. dazu 6.2.2.1.1), aber die Zusammenarbeit mit Drittländern ist immer noch sehr defizitär. So hat bspw. Deutschland mit der Türkei im Jahr 2004 ein Abkommen über die Zusammenarbeit bei der Bekämpfung von Straftaten mit erheblicher Bedeutung, insbesondere des Terrorismus und der organisierten Kriminalität, abgeschlossen.[104] In diesem Abkommen werden zwar die Begriffe „terroristische

---

[103] Vgl. https://www.zlg.de/servicenavi/aktuelles/aktuelles/meldung/article/aktuelle-information-der-gesundheitsbehoerden-von-bund-und-laendern-zu-illegalen-arzneimitteln-im-pa.html. Zugegriffen am 3.2.2016; http://www.bfarm.de/SharedDocs/Pressemitteilungen/DE/mitteil2014/pm07-2014.html. Zugegriffen am 3.2.2016.

[104] BGBl. II 2004 Nr. 24 v. 27.7.2004.

2.4 Fakten und Zahlen zur OK und zur kriminellen Vereinigung

Handlung" und „terroristische Vereinigung" (Art. 1 Abs. 3) definiert, unerwähnt bleiben aber die für beide Staaten im Rahmen dieses Abkommens verbindlichen Merkmale der organisierten Kriminalität. Einer begrifflichen Erfassung weicht man aus, indem eine Zusammenarbeit bei der „Bekämpfung von Straftaten mit erheblicher Bedeutung insbesondere bei terroristischen Straftaten und solchen, die unter Einbeziehung organisierter krimineller Strukturen begangen werden", vereinbart wird (Art. 1 Abs. 1). Unabhängig von der Schwere der Straftat wird eine Zusammenarbeit bei bestimmten Straftatengruppen[105] zugesichert, wenn „organisierte kriminelle Strukturen bei der Tatplanung oder -begehung erkennbar sind" (Art. 1 Abs. 2). In all den genannten Fällen soll dann die Zusammenarbeit der Vertragsparteien unmittelbar zwischen ihren folgenden zuständigen Behörden stattfinden (Art. 2):

auf deutscher Seite:

- Bundesministerium des Innern,
- Bundesministerium für Gesundheit,
- Bundeskriminalamt,
- Grenzschutzdirektion,
- Zollkriminalamt;

auf türkischer Seite:

- Innenministerium,
- Gesundheitsministerium,
- Staatssekretariat für Zoll des Ministerpräsidiums.

Wie eine solche Zusammenarbeit vor dem Hintergrund der bereits nationalen Zuständigkeitslabyrinthe und der fehlenden begrifflichen Klärung der für beide Länder geltenden OK-Merkmale erfolgreich möglich sein soll, ist nicht erkennbar. Es ist noch nicht einmal geklärt, welche nationale Behörde federführend ist und wo die Informationen verdichtet werden sollen. Das ist besonders bedenklich, da die Türkei bis zum 31.5.2005 von einem sehr weiten und kaum praktikablen Begriff der OK ausgegangen ist und diesen mit Wirkung zum 1.6.2005 änderte.[106] Bis heute besteht in der begrifflichen und konzeptionellen Erfassung der OK keine Deckungsgleichheit. Wem auf der Grundlage des Abkommens die kongruenzschaffende Deutungshoheit zukommen soll, bleibt im Dunkeln.

---

[105] Illegale Herstellung und illegaler Verkehr von Betäubungsmitteln und psychotropen Substanzen sowie von Vorläufersubstanzen hierzu, Terrorismus, Einschleusung von Ausländern, Menschenhandel und Zuhälterei, Erpressung, unerlaubter Verkehr mit Waffen, Sprengstoffen, nuklearen und radioaktiven Materialien, Eigentumskriminalität, illegaler Handel mit Kunstwerken und Antiquitäten, Computerkriminalität, Urheberrechtsverletzungen, Herstellung und Verbreitung von Falschgeld, Fälschung von unbaren Zahlungsmitteln oder Wertpapieren sowie Verwendung gefälschter unbarer Zahlungsmittel oder Wertpapiere, Geldwäsche, Fälschung und Verfälschung von Dokumenten und öffentlichen Urkunden.
[106] Vgl. dazu Gesetz Nr. 4422, eingehend dazu *Öztürk*, Landesbericht Türkei, in: Gropp/Sinn (Fn. 7), S. 393 ff. (396 f.).

2.4.6 Zusammenfassung

Die Daten der unterschiedlichen Statistiken in Deutschland zeigen ein großes Wahrnehmungsdefizit. Mangels definitorischer Einheitlichkeit sind sie mit EU-Daten nicht abzugleichen. Die Defizite beruhen in erster Linie darauf, dass die OK-Definition aus dem Jahr 1990 *nicht* mit der rechtlichen Erfassung des OK-Phänomens als kriminelle Vereinigung kompatibel ist. Deshalb entstehen in der Wahrnehmung des Phänomens Disharmonien, die zu strategischen und kriminalpolitischen Fehlentwicklungen führen können. Gegenwärtig ist ein Zustand bei der OK-Verfolgung zu beklagen, den der Zweite Periodische Sicherheitsbericht aus dem Jahr 2006 noch verhindern wollte:

> „Typische Gefahren entstehen dann, wenn die Konstrukte sich dergestalt selbstständig zu machen beginnen, dass es allgemeine Überzeugung wird, die Instrumente bildeten die Realität bereits jetzt passgenau ab. Entsprechend werden dann die Nominaldefinitionen eines Phänomens wie Realdefinitionen verwendet. Im Extremfall wird dann nicht mehr die Brauchbarkeit der Definition durch stets neue kritische Konfrontation mit (widerständiger) Realität getestet und immer wieder modifiziert. Vielmehr werden tendenziell nur noch diejenigen Aspekte von Realität gesucht und gesehen, die sich der Definition fügen. Dadurch droht die Definition auf Dauer erfahrungsresistent zu werden. Und vielleicht haben sich dann eben schon (wieder) ganz andere und neue Facetten von organisierter Kriminalität entwickelt, für die der Blick durch die vorgegebene Definition buchstäblich verstellt bleibt".[107]

Neuste Entwicklungstendenzen, die Verbindungen zwischen OK mit Terrorismus[108] (hybride Gruppierungen) nicht länger nur besorgen lassen, sowie ein neues arbeitsteiliges Zusammenwirken von Personen auf der Grundlage Crime-as-a-Service[109] bleiben so im Raster der seit 1990 unverändert gebliebenen OK-Definition sowie des noch herrschenden Typus der kriminellen Vereinigung ebenso im Dunkeln wie die organisierte Wirtschaftskriminalität. Das bedeutet, dass der Anpassungsbedarf ermittelt und die strategischen und rechtlichen Anknüpfungspunkte für eine OK-Verfolgung angepasst werden müssen. Für die Strafverfolgungspraxis kann sich dann daraus ergeben, die *starren* Ermittlungsstrukturen und die daran geknüpften strategischen und personellen Folgen aufzubrechen, um ein flexibleres Agieren zu ermöglichen, das Informations- und Ressourcenaustausch ermöglicht. Positive und negative Zuständigkeitskonflikte gilt es zu vermeiden. Trotz einiger Erkenntnisse aus einer mehrere Jahrzehnte andauernden

---

[107] Zweiter Periodischer Sicherheitsbericht, 2006, S. 441.
[108] Vgl. dazu schon o. 2.2.
[109] Vgl. dazu Europol, Exploring Tomorrow's Organised Crime, 2015, S. 8 (www.europol.europa.eu/content/exploring-tomorrow's-organised-crime. Zugegriffen am 9.1.2016; Europol/Office für Harmonization in the internal Market, Situation Report on Counterfeiting in the European Union, 2015, S. 45 (https://oami.europa.eu/ohimportal/documents/11370/80606/2015+Situation+Report+on+Counterfeiting+in+the+EU. Zugegriffen am 1.2.2016; vgl. auch für Irland den Cross border Organised Crime Assessment 2014, S. 5 (http://www.octf.gov.uk/Publications/SARS-information-(1)/Cross-Border-Organised-Crime-Assessment-2014. Zugegriffen am 5.2.2016).

OK-Verfolgung, −Forschung und -Datensammlung gilt es vor dem Hintergrund neuer internationaler Entwicklungen weiterhin, das aktuelle Bedrohungspotential der in Deutschland agierenden organisierten Kriminalität unter Rückgriff auf eine belastbare und transparente Datengrundlage quantitativ und qualitativ zu ermitteln.

2.5 Die materiell-strafrechtliche Erfassung der OK

Das deutsche Strafgesetzbuch sowie die materiell-strafrechtlichen Nebengesetze nennen die „Organisierte Kriminalität" nicht. Vielmehr werden bestimmte Verhaltensweisen als strafbar sanktioniert. Zu diesen Verhaltensweisen gehören auch die klassischen Tätigkeitsbereiche der OK wie Menschenhandel, illegaler Handel, bspw. Schmuggel, Delikte gegen Leib und Leben oder Betäubungsmittelstraftaten. Wird eine Person allein wegen dieser Verhaltensweise bestraft, bleibt ein OK-Bezug jedenfalls i.d.R. im Urteil offen. Auch statistisch lässt sich allein aus der Begehung von typischen OK-Delikten nicht auf eine OK-Beteiligung schließen. Die Bundeslagebilder versuchen mit einem auch deliktsspezifischen Ansatz die Verbindung von OK zu bestimmten Tätigkeitsbereichen aufzuhellen.

Das deutsche Straf- und Strafprozessrecht sowie das Gefahrenabwehrrecht der Länder unterscheiden bislang zwischen vier Arten von Tätergruppierungen, auf die das Recht aufgrund ihrer besonderen Gefährlichkeit entweder strafbegründend, straferhöhend, zuständigkeitszuweisend oder mit der Ermächtigung zu eingriffsintensiven Ermittlungsmaßnahmen reagiert: die Bande,[110] die kriminelle[111] und die terroristische Vereinigung[112] und die kriminelle Organisation.[113]

Die Strafrechtswissenschaft hat sich vor allem der Präzisierung des in zahlreichen Straftatbeständen verwandten Begriffes der „Bande" und der diese konstituierenden Unrechtsmerkmale gewidmet.[114] Indes erfolgte die Konkretisierung wiederholt unter Rückgriff auf den Begriff der organisierten Kriminalität,[115] während der Gesetzgeber davon ausging, es handele sich bei den Banden lediglich um „Keimzellen" der OK.[116] Bis heute herrschen erhebliche Unsicherheiten bezüglich der

---

[110] Vgl. bspw. § 244 Abs. 1 Nr. 2 StGB.
[111] Vgl. bspw. § 129 StGB.
[112] Vgl. bspw. § 129a StGB.
[113] Vgl. § 2 Abs. 1 Nr. 12 BKADV; § 6 Abs. 1 Nr. 3 lit. b EJG.
[114] Vgl. z.B. *Flemming/Reinbacher*, NStZ 2013, S. 136 ff. m.w.Nw.
[115] Vgl. *Schild*, NStZ 1983, S. 69 ff.; *Schöch*, NStZ 1996, S. 166 ff.; *Erb*, NStZ 1998, S. 537 ff.; *Krings*, Die strafrechtlichen Bandennormen unter besonderer Berücksichtigung des Phänomens der Organisierten Kriminalität, 2000; *Dessecker*, NStZ 2009, S. 184 ff.; *Sobota*, NStZ 2013, S. 509 ff.
[116] BR-Drs. 219/91, S. 78; vgl. a. BGHSt 46, 321 (329).

Notwendigkeit einer Abgrenzung beider Mehrtätergruppierungen (Bande/OK) sowie ggf. der diesbezüglichen Kriterien. Diese unsichere Rechtslage wurde noch dadurch verschärft, dass der Bundesgerichtshof den Begriff der Bande in der Vergangenheit vermehrt in die Nähe der „kriminellen Vereinigung" rückte.[117] In der Entscheidung des Großen Senats (BGHGSt 46, 321 ff.) spricht er sich dann zwar dezidiert dagegen aus, im Rahmen der Bandendelikte eine wie auch immer geartete Organisation(sstruktur) zu verlangen, allerdings sei ein Zusammenschluss von mindestens drei Personen erforderlich.[118] Die Rechtsprechung legt seit dieser Entscheidung folgende Merkmale zugrunde, die eine Bande konstituieren: ein Zusammenschluss von mindestens drei Personen, die sich mit dem Willen verbunden haben, künftig für eine gewisse Dauer mehrere selbstständige, im Einzelnen noch ungewisse Straftaten des im Gesetz benannten Deliktstypus zu begehen. Damit wurde die Bande in personeller Hinsicht vergleichbar mit der kriminellen Vereinigung interpretiert. Zur Abgrenzung dient nun noch das organisatorische und voluntative Element (vgl. u. 2.5.3). Der Große Senat leistete mit seiner Neuausrichtung des Bandenbegriffes am Merkmal des organisatorischen Elements zwar einen Beitrag zur Abgrenzung der Bande von der kriminellen Vereinigung, gleichzeitig konterkarierte er aber den Willen des Gesetzgebers, der die OK mit dem OrgKG doch gerade über die Bandendelikte treffen wollte. Auf der *einen Seite* werden mit der Interpretation in BGHSt 46, 321 ff. nun Mehrpersonenverhältnisse erfasst, die mit OK (mangels Organisationsstruktur) nichts zu tun haben. Die gesetzlichen Änderungen mit dem OrgKG waren in materieller und prozessualer Hinsicht aber eindeutig auf die OK bezogen. Auf der *anderen Seite* gehen OK-Gruppierungen nun im Bandenbegriff auf und bleiben „unsichtbar" (vgl. o. 2.4.3), weil OK-Gruppierungen jedenfalls auch die Merkmale der Bande erfüllen. Die Rechtsprechung konnte diese kriminalpolitischen Widersprüche[119] nicht vermeiden, weil es allein darum ging, die Merkmale der Bande zu klären, so dass eine Abgrenzung zur kriminellen Vereinigung möglich bleibt. Die Rechtsprechung hätte allerdings die Möglichkeit gehabt, auch bei den Merkmalen der „kriminellen Vereinigung" nachzujustieren. Damit wäre es gelungen, die OK als das zu erfassen, was sie ist – eine kriminelle Vereinigung (vgl. u. 2.5.5).

Die Mitgliedschaft in einer Bande wird über bestimmte im Besonderen Teil des StGB genannte Straftatbestände (Qualifizierungen der Tatbegehung als Bandenmitglied) erfasst.[120] Die Bandenmitgliedschaft ist dementsprechend *kein strafbegründendes*, sondern ein strafschärfendes Merkmal. Demgegenüber ist die Mitgliedschaft in einer kriminellen Vereinigung (§ 129 StGB) ein strafbegründendes Merkmal. Mit § 129 StGB soll die erhöhte kriminelle Intensität erfasst werden,

---

[117] Vgl. BGHSt 46, 321 (327).
[118] Vgl. BGHSt 46, 321 (329).
[119] Vgl. dazu a. *Pütter*, Der OK-Komplex, 1998, S. 185 ff.
[120] Vgl. BGHSt 54, 216 (224).

2.5 Die materiell-strafrechtliche Erfassung der OK

die auf der Gründung oder Fortführung einer festgelegten Organisation beruht.[121] Die daraus folgende Eigendynamik derartiger Verbindungen trägt ein hohes Gefährdungspotential für personale und überindividuelle Rechtsgüter in sich. Kurz, mit § 129 Abs. 1 StGB wird bereits die mit einer kriminellen Vereinigung verbundene vereinigungsspezifische Gefährdung gewichtiger Rechtsgüter erfasst.[122] Seine Bedeutung lag in der Vergangenheit deutlich in der Erfassung politisch-krimineller Organisationen.[123] Erst in den letzten Jahren hat sich die Bedeutung des Straftatbestandes in Richtung „Organisierte Kriminalität" verändert. Insbesondere hat man seine Relevanz hinsichtlich der Einleitung von Ermittlungsverfahren und des Einsatzes besonderer Ermittlungsmaßnahmen erkannt.[124] Im Kontext jüngster internationaler Vorgaben (vgl. dazu 2.5.1.1 und 2.5.1.3) ist § 129 StGB das für die gesetzlichen Umsetzungsakte im materiellen

---

[121] *Schäfer*, in: Münchener Kommentar zum Strafgesetzbuch, Bd. 3, § 129 Rn. 2.

[122] § 129 StGB lautet:
Bildung krimineller Vereinigungen
(1) Wer eine Vereinigung gründet, deren Zwecke oder deren Tätigkeit darauf gerichtet sind, Straftaten zu begehen, oder wer sich an einer solchen Vereinigung als Mitglied beteiligt, für sie um Mitglieder oder Unterstützer wirbt oder sie unterstützt, wird mit Freiheitsstrafe bis zu fünf Jahren oder mit Geldstrafe bestraft.
(2) Abs. 1 ist nicht anzuwenden,
1. wenn die Vereinigung eine politische Partei ist, die das Bundesverfassungsgericht nicht für verfassungswidrig erklärt hat,
2. wenn die Begehung von Straftaten nur ein Zweck oder eine Tätigkeit von untergeordneter Bedeutung ist oder
3. soweit die Zwecke oder die Tätigkeit der Vereinigung Straftaten nach den §§ 84 bis 87 betreffen
(3) Der Versuch, eine in Abs. 1 bezeichnete Vereinigung zu gründen, ist strafbar.
(4) Gehört der Täter zu den Rädelsführern oder Hintermännern oder liegt sonst ein besonders schwerer Fall vor, so ist auf Freiheitsstrafe von sechs Monaten bis zu fünf Jahren zu erkennen; auf Freiheitsstrafe von sechs Monaten bis zu zehn Jahren ist zu erkennen, wenn der Zweck oder die Tätigkeit der kriminellen Vereinigung darauf gerichtet ist, in § 100c Abs. 2 Nr. 1 Buchstabe a, c, d, e und g mit Ausnahme von Straftaten nach § 239a oder § 239b, Buchstabe h bis m, Nr. 2 bis 5 und 7 der Strafprozessordnung genannte Straftaten zu begehen.
(5) Das Gericht kann bei Beteiligten, deren Schuld gering und deren Mitwirkung von untergeordneter Bedeutung ist, von einer Bestrafung nach den Abs. 1und 3 absehen.
(6) Das Gericht kann die Strafe nach seinem Ermessen mildern (§ 49 Abs. 2) oder von einer Bestrafung nach diesen Vorschriften absehen, wenn der Täter
1. sich freiwillig und ernsthaft bemüht, das Fortbestehen der Vereinigung oder die Begehung einer ihren Zielen entsprechenden Straftat zu verhindern, oder
2. freiwillig sein Wissen so rechtzeitig einer Dienststelle offenbart, dass Straftaten, deren Planung er kennt, noch verhindert werden können;
erreicht der Täter sein Ziel, das Fortbestehen der Vereinigung zu verhindern, oder wird es ohne sein Bemühen erreicht, so wird er nicht bestraft.

[123] Vgl. a. *Kinzig* (Fn. 12), S. 164 ff.; *Schäfer*, in: Münchener Kommentar zum Strafgesetzbuch, Bd. 3, § 129 Rn. 3.

[124] *Schäfer*, in: Münchener Kommentar zum Strafgesetzbuch, Bd. 3, § 129 Rn. 6.

Recht entscheidende OK-Delikt geworden. Das hat auch die Bundesregierung erkannt, aber einen rechtlichen Anpassungsbedarf bisher sowohl vor dem Hintergrund des EU-Rahmenbeschlusses zur organisierten Kriminalität als auch der UNTOC verneint.[125] Es gilt dementsprechend diesen Straftatbestand im Kontext internationaler Vorgaben zur Verfolgung der organisierten Kriminalität zu bewerten.

2.5.1 Organisierte Kriminalität und das Organisationsdelikt „kriminelle Vereinigung"

2.5.1.1 Unionsweiter Regelungsrahmen

Als Rahmen einer unionsweiten Interpretation dessen, was unter einer kriminellen Vereinigung zu verstehen ist, diente zunächst die Gemeinsame Maßnahme des Rates betreffend die Strafbarkeit einer kriminellen Vereinigung vom 21.12.1998.[126] Darin wird die kriminelle Vereinigung gemäß Art. 1 definiert als „auf längere Dauer angelegte(r) organisierte(r) Zusammenschluss von mehr als zwei Personen, die in Verabredung handeln, Straftaten zu begehen, die mit Freiheitsstrafe oder einer freiheitsentziehenden Maßregel der Besserung und Sicherung im Höchstmaß von mindestens vier Jahren oder einer schwereren Strafe bedroht sind, gleichviel ob diese Straftaten Hauptzweck oder ein Mittel sind, um geldwerte Vorteile zu erlangen und gegebenenfalls die Tätigkeit öffentlicher Stellen in unzulässiger Weise zu beeinflussen". Den Hintergrund für die Maßnahme des Rates bildete Art. 31 lit. e EUV a.F., der im Bereich der organisierten Kriminalität eine Strafrechtsangleichung unter den Rechtssystemen der Mitgliedstaaten vorsah. Die Begriffswahl „kriminelle Vereinigung" war also *eindeutig* auf das Phänomen der organisierten Kriminalität bezogen.

Mit dem Rahmenbeschluss des Rates zur Bekämpfung der organisierten Kriminalität vom 24.10.2008[127] wurde die gemeinsame Maßnahme aufgehoben (vgl. Art. 8) und es wurden neue Regelungsbedingungen zur Verfolgung und Bestrafung einer kriminellen Vereinigung im Unionsraum aufgestellt. Die Mitgliedstaaten hatten bis zum 11.05.2010 die erforderlichen Maßnahmen zu treffen, um diesem Rahmenbeschluss nachzukommen.

Damit reagierte die Europäische Union auf die bisher unzureichende Situation bei der Bestrafung krimineller Vereinigungen im Unionsraum. In ihrer Mitteilung vom 29.03.2004 über bestimmte Maßnahmen, die zur Bekämpfung des Terrorismus und anderer schwerwiegender Formen der Kriminalität, insbesondere im Hinblick auf die Verbesserung des Informationsaustauschs, zu treffen sind, stellte die

---

[125] Vgl. BT-Drs. 16/12346, S. 7 und BT-Drs. 18/175, S. 2 bezüglich EU-Rahmenbeschluss sowie BT-Drs. 15/5150, S. 74 ff. (75) bezüglich der UNTOC.
[126] Vgl. ABl. EG 1998 L 351, S. 1.
[127] Rahmenbeschluss 2008/841/JI, vgl. ABl. EG. L 300/42 vom 11.11.2008, in Kraft seit 11.11.2008, Umsetzungsfrist 10.5.2010.

2.5 Die materiell-strafrechtliche Erfassung der OK

Kommission fest, dass die Maßnahmen zur Bekämpfung der organisierten Kriminalität verbessert werden müssen. Der Rahmenbeschluss verzichtet aber auf eine Definition der „organisierten Kriminalität". Vielmehr werden die Begriffe „kriminelle Vereinigung"[128] und „organisierter Zusammenschluss"[129] verwendet.

Mit dem Rahmenbeschluss sollte eine Harmonisierung der Definitionen von Straftaten im Zusammenhang mit einer kriminellen Vereinigung in den Mitgliedstaaten und die Festlegung von entsprechenden Sanktionen für diese Straftatbestände gelingen. Von den folgenden beiden Verhaltensweisen müssen die Mitgliedstaaten mindestens eine als Straftatbestand anerkennen:

- aktive Beteiligung an den kriminellen Tätigkeiten der Vereinigung in Kenntnis des Ziels oder der Absicht der Vereinigung, Straftaten zu begehen;
- Vereinbarung über die Begehung von Straftaten, ohne notwendigerweise an ihrer Ausführung beteiligt zu sein.

Auch hinsichtlich der Sanktionen müssen die Mitgliedstaaten ihr Strafrecht harmonisieren. Für die aktive Beteiligung an den kriminellen Tätigkeiten der Vereinigung in Kenntnis des Ziels oder der Absicht der Vereinigung, Straftaten zu begehen, ist eine Freiheitsstrafe im Höchstmaß von mindestens zwei bis fünf Jahren vorzusehen. Bei Straftaten betreffend die Vereinbarung über die Begehung von Straftaten, ohne notwendigerweise an ihrer Ausführung beteiligt zu sein, ist eine Freiheitsstrafe in demselben Höchstmaß wie die geplanten Straftaten oder im Höchstmaß von mindestens zwei bis fünf Jahren anzudrohen. Die Mitgliedstaaten können diese Strafen mildern oder Straffreiheit erlauben, wenn der Straftäter seine kriminellen Tätigkeiten aufgibt und die Behörden durch die Lieferung von Informationen über die Straftat oder über andere Straftäter, die sie auf andere Weise nicht hätten erhalten können, unterstützt.

Zudem wurden die Mitgliedstaaten verpflichtet, jede juristische Person, auch dieser Begriff wird im Rahmenbeschluss definiert,[130] für die obengenannten Straftaten, die in ihrem Namen von einer Person mit einer Führungsposition innerhalb der juristischen Person begangen werden, verantwortlich zu machen, selbst wenn diese Person allein gehandelt hat. Eine juristische Person soll auch für eine

---

[128] Art. 1 Nr. 1 lautet: „"Kriminelle Vereinigung" – einen auf längere Dauer angelegten organisierten Zusammenschluss von mehr als zwei Personen, die, um sich unmittelbar oder mittelbar einen finanziellen oder sonstigen materiellen Vorteil zu verschaffen, in Verabredung handeln, um Straftaten zu begehen, die mit einer Freiheitsstrafe oder einer freiheitsentziehenden Maßregel der Besserung und Sicherung im Höchstmaß von mindestens vier Jahren oder einer schwereren Strafe bedroht sind. In der englischen Fassung ist der Ausgangspunkt der Begriffsbestimmung die Wendung „criminal organisation".

[129] Art. 1 Nr. 2 lautet: „Organisierter Zusammenschluss" – einen Zusammenschluss, der nicht zufällig zur unmittelbaren Begehung eines Verbrechens gebildet wird und der auch nicht notwendigerweise förmlich festgelegte Rollen für seine Mitglieder, eine kontinuierliche Mitgliedschaft oder eine ausgeprägte Struktur hat."

[130] Art. 5 Abs. 4 lautet: „Für die Zwecke dieses Rahmenbeschlusses bezeichnet der Begriff ‚juristische Person' jedes Rechtssubjekt, das diesen Status nach dem jeweils geltenden Recht besitzt, mit Ausnahme von Staaten oder sonstigen Körperschaften des öffentlichen Rechts in der Ausübung ihrer hoheitlichen Rechte und von öffentlich-rechtlichen internationalen Organisationen."

Straftat verantwortlich gemacht werden können, die von einer ihr unterstellten Person begangen und durch mangelnde Überwachung ermöglicht wurde.

Bei der Verantwortlichkeit juristischer Personen sieht der Rahmenbeschluss besondere Sanktionen vor. Hervorzuheben ist insbesondere, dass der Unionsgesetzgeber nicht von einer „Strafbarkeit" der juristischen Person ausgeht, weshalb er in diesem Zusammenhang auch von „verantwortlich" (Art. 5) spricht. Hier zeigt sich die Bedeutung der unterschiedlichen Rechtskulturen, denn in Deutschland wird von der ganz h.M. die Strafbarkeit juristischer Personen mangels Schuldfähigkeit abgelehnt. Eine Sanktionierung ist aber jedenfalls als Ordnungswidrigkeit möglich. Andere Länder im europäischen Rechtsraum gehen dagegen von einer Strafbarkeit aus.[131] Der Rahmenbeschluss gibt den Mitgliedstaaten deshalb auch nur vor, gegen verantwortliche juristische Person wirksame, verhältnismäßige und abschreckende Sanktionen zu verhängen (sog. Mindesttrias). Diese sollten straf- und nichtstrafrechtliche Geldsanktionen umfassen. Außerdem sind die folgenden Sanktionen möglich (Art. 6):

- der Ausschluss von öffentlichen Hilfen;
- das vorübergehende oder ständige Verbot einer Handelstätigkeit;
- die richterliche Aufsicht;
- die richterlich angeordnete Auflösung;
- die vorübergehende oder endgültige Schließung von Einrichtungen, die für die Straftat genutzt wurden.

2.5.1.2 Der Harmonisierungsstand zur kriminellen Vereinigung in der EU

Seit dem Jahr 2010 liegt eine Studie zum Harmonisierungsstand des Rahmenbeschlusses des Rates zur Bekämpfung der organisierten Kriminalität vor.[132] Eine weitere Studie wurde im Auftrag der EU-Kommission angefertigt und im Frühjahr 2015 veröffentlicht.[133] Diese und weitere Studien[134] bestätigen die Schwierigkeiten, die bei der Rechtsangleichung hinsichtlich der rechtlichen Erfassung der OK zu bewältigen waren. Diese beruhen in erster Linie auf den nationalen Besonderheiten des Strafrechts in den Mitgliedstaaten.[135] Innerhalb der EU wird – bis auf Schweden[136] und Dänemark[137] – die Beteiligung an einer kriminellen Organisation straftatbestandlich im Grundsatz erfasst. Einige Mitgliedstaaten

---

[131] Vgl. die Nw. bei *Calderoni*, Organized Crime Legislation in the European Union, 2010, S. 143 ff.; *Di Nicola* u.a., Study on paving the way for future policy initiatives in the field of fight against organised crime, Final report, hrsg. von der Europäischen Kommission, Februar 2015, S. 104 ff.

[132] Vgl. *Calderoni* (Fn. 131).

[133] Vgl. *Di Nicola* u.a. (Fn. 131).

[134] Vgl. die Nw. o. Fn. 7.

[135] Vgl. *Calderoni* (Fn. 131), S. 52.

[136] Vgl. *Di Nicola* u.a. (Fn. 131), S. 202.

[137] Vgl. *Di Nicola* u.a. (Fn. 131), S. 201.

2.5 Die materiell-strafrechtliche Erfassung der OK

unterscheiden eine allgemeine Form und spezielle Formen von kriminellen Organisationen und dementsprechend auch unterschiedliche Straftatbestände.[138] Der Straftatbestand bezüglich einer nicht spezifischen kriminellen Organisation fungiert dann i.d.R. als Auffangtatbestand. Herrschend ist im EU-Raum aber die Erfassung der kriminellen Organisation oder Vereinigung mit einem generellen Delikt.[139] Außerdem herrschen in den Mitgliedstaaten unterschiedliche Vorstellungen über das, was OK tatsächlich ist, was der hohen Komplexität des OK-Phänomens geschuldet ist.[140] Und schließlich wird OK auch nicht von allen Mitgliedstaaten gleich hoch priorisiert, weil es an der eigenen Betroffenheit mangelt.[141]

Bei der rechtlichen Erfassung folgen die Staaten unterschiedlichen Modellen. So wird in Großbritannien[142] traditionell bei der Erfassung der OK dem Modell der „conspiracy" gefolgt, das auf der Idee einer übereinstimmenden Willensbildung der Personen beruht. In sicherheitsstrategischer Hinsicht arbeitet man auf der Grundlage einer OK-Definition,[143] die aber rechtlich nicht an die internationalen Vorgaben angepasst wurde und auch im Strafrecht keine Entsprechung[144] findet. Der sichtbarste Beweis eines Auseinanderdriftens von Strategie und Strafrecht in Großbritannien belegt eine jüngste Studie, in der von 5.300 OK-Gruppierungen ausgegangen wird, die einen unmittelbaren Bezug zu Großbritannien haben,[145] während der SOCTA-Bericht Europols aus dem Jahr 2013 von 3.600 OCGs in der gesamten EU ausgeht.[146] Beklagt werden aber auch „Verwirrungen" bei der Unterscheidung von OK und anderen Kriminalitätsformen sowie dem Organisationsgrad von OK.[147] So verwundert es nicht, wenn in Großbritannien die traditionellen Merkmale der OK wie die Personenanzahl und die finanzielle Motivation in Frage gestellt werden. Mehr und mehr wird dort versucht dem OK-Phänomen mit einem gefahrspezifischen Ansatz über besonders gefährliche Verhaltensweise zu begegnen,[148] was gleichzeitig aber auch dazu führt, die Netzstrukturen aus den Augen zu verlieren.[149]

---

[138] Österreich, Belgien, Griechenland, Irland, Italien, Luxemburg, Malta, Rumänien.
[139] Vgl. *Calderoni* (Fn. 131), S. 57.
[140] Vgl. *Calderoni* (Fn. 131), S. 53.
[141] Vgl. *Calderoni* (Fn. 131), S. 53.
[142] Außerdem Irland und Malta.
[143] „Organised crime is serious crime planned, coordinated and conducted by people working together on a continuing basis. Their motivation is often, but not always, financial gain [...] organised crime in this and other countries recognises neither national borders nor national interests." Vgl. HM Government, Serious and Organised Crime Strategy, S. 14 (zitiert nach *Edwards/Jeffray*, (Fn. 89), S. 6).
[144] Vgl. *Edwards/Jeffray* (Fn. 89), S. 6.
[145] Vgl. *Edwards/Jeffray* (Fn. 89), S. 7.
[146] Europol SOCTA 2013 (Fn. 87), S. 33.
[147] *Edwards/Jeffray* (Fn. 89), S. 6.
[148] UK National Crime Agency, Crime Threats, http://www.nationalcrimeagency.gov.uk/crime-threats. Zugegriffen am 2.1.2016.
[149] Vgl. *Edwards/Jeffray* (Fn. 89), S. 6.

Demgegenüber wird in vielen anderen Ländern einem organisatorischen Modell gefolgt, das mehr auf dem Grad der Organisation und den eingegangenen Verbindungen von Personen beruht.[150] Die Studie aus dem Jahr 2010 kommt trotz der geschilderten Unterschiede zu dem Ergebnis, dass der Einfluss des Rahmenbeschlusses zur Bekämpfung der organisierten Kriminalität auf die nationale Gesetzgebung eher gering war. Vielmehr würden die mitgliedstaatlichen Rechte die Vorgaben des Rahmenbeschlusses bis auf wenige Ausnahmen erfüllen, und nur wenige kleine Änderungen seien nötig.[151] Dieser Befund übersieht allerdings, dass in vielen neuen EU-Ländern gerade im Hinblick auf den EU-Beitritt große legislative Anstrengungen unternommen wurden, um das nationale Recht an den Rahmenbeschluss anzugleichen.[152] Immerhin gab es vor dem Rahmenbeschluss schon die gemeinsame Maßnahme des Rates betreffend die Strafbarkeit einer kriminellen Vereinigung vom 21.12.1998,[153] die dann erst durch den Rahmenbeschluss 2008/841/JI ersetzt wurde. Es war den Beitrittskandidaten also bekannt, welche Maßnahmen zur OK-Verfolgung vor einem EU-Beitritt ergriffen werden mussten. Bedenkt man weiter, dass die Länder, die einen Wechsel von einem sozialistischen System zu einem System der Marktwirtschaft vollzogen hatten, in der Vergangenheit kaum Erfahrungen mit der rechtlichen und tatsächlichen Erfassung krimineller Organisationen sammeln konnten, so wird deutlich, wie groß die Anstrengungen in diesen Ländern gewesen sein müssen. Insoweit kann der Einfluss der gemeinsamen Maßnahme sowie des Rahmenbeschlusses nicht unterschätzt werden.

Es bleibt festzuhalten, dass oberflächlich betrachtet ein hoher Grad an Harmonisierung zur Strafbarkeit der kriminellen Organisation im EU-Raum herrscht. Allerdings zeigt auch das Beispiels Deutschlands, dass durch die Auslegung der Fachgerichte der Harmonisierung Grenzen gesetzt wurden, so dass die Bundeslagebilder zur OK mit der tatsächlichen rechtlichen Bedeutung der Strafbarkeit der kriminellen Vereinigung nicht kongruent sind. Die fehlende Umsetzung des Rahmenbeschlusses zur Bekämpfung der organisierten Kriminalität in Dänemark und Schweden zeigt, dass sich in der EU bisher kein vollständiger Konsens über die rechtlichen Instrumente zur Verfolgung der OK herstellen ließ.

2.5.1.3 Die VN-Konvention gegen grenzüberschreitende organisierte Kriminalität (UNTOC) im Vergleich zum EU-Rahmenbeschluss zur Bekämpfung der OK

Auf der Welt-Ministerkonferenz der Vereinten Nationen gegen grenzüberschreitende organisierte Kriminalität im Jahr 1994 wurden in Neapel umfassende Strategien zur Bekämpfung internationaler organisierter Kriminalität entwickelt und die Generalversammlung der Vereinten Nationen hat am 15.11.2000 (The United Nations

---

[150] Vgl. *Calderoni* (Fn. 131), S. 57 f.
[151] Vgl. *Calderoni* (Fn. 131), S. 170.
[152] Vgl. die Landesberichte in Gropp/Sinn (Fn. 7) zu Polen und Ungarn.
[153] Vgl. AblEG 1998 Nr. L 351, S. 1.

2.5 Die materiell-strafrechtliche Erfassung der OK

Convention Against Transnational Organized Crime/Palermo-Übereinkommen)[154] eine Arbeitsdefinition geschaffen, die eine organisierte kriminelle Gruppe als ein Phänomen mit folgenden Eigenschaften ausweist: Der Ausdruck „organisierte kriminelle Gruppe" bezeichnet eine Gruppe von drei oder mehr Personen, die eine gewisse Zeit lang besteht und gemeinsam mit dem Ziel vorgeht, eine oder mehrere schwere Straftaten oder in Übereinstimmung mit diesem Übereinkommen umschriebene Straftaten zu begehen, um sich unmittelbar einen finanziellen oder sonstigen materiellen Vorteil zu verschaffen.[155]

Sowohl die Europäische Union als auch die VN haben dasselbe Phänomen – die OK – vor Augen, wenn sie die Mitglied- bzw. Unterzeichnerstaaten zu bestimmten gesetzgeberischen Aktivitäten verpflichten wollen. Allerdings weichen die Formulierungen in den verschiedenen Vertragswerken voneinander ab. So wird das Phänomen „OK" unterschiedlich bezeichnet: In dem Rahmenbeschluss der EU ist von „krimineller Vereinigung" und „organisiertem Zusammenschluss" und in der UNTOC von „organisierter krimineller Gruppe"[156] und „strukturierter Gruppe"[157] die Rede.

2.5.1.3.1 Begriffsgleichheit oder Begriffsverwirrung? – „kriminelle Vereinigung" vs. „organisierte kriminelle Gruppe"

Es werden also auf der Ebene der EU und der VN unterschiedliche Begriffe für ein und dieselbe Kriminalitätsform verwendet. Das trägt zur Begriffsverwirrung bei und fördert nicht den Normdurchsetzungswillen bei den diesen Verträgen unterworfenen Staaten. Inhaltlich entsprechen sich die verwendeten Begriffe und deren Merkmale aber jedenfalls in den Grundannahmen. Die inhaltliche Kongruenz ist eine Folge aus der für die EU bestehenden Bindungswirkung aufgrund Art. 216 Abs. 2 AEUV. Die EU hat die UNTOC am 12.12.2000 unterzeichnet, und der Rat der Europäischen Union genehmigte den Beitritt im Namen der Gemeinschaft am 29.4.2004.[158] Im o. g. Rahmenbeschluss wird dann konsequent auch ausdrücklich wieder auf die UNTOC Bezug genommen (Erwägung Nr. 6).

---

[154] Veröffentlicht im BGBl. II, 2005 Nr. 21, S. 956 ff.

[155] Vgl. Legislative Guides For The Implementation Of The United Nations Convention Against Transnational Organized Crime and Protocols Thereto, 2004, S. 12, 14 (https://www.unodc.org/pdf/crime/legislative_guides/Legislative%20guides_Full%20version.pdf. Zugegriffen am 31.1.2016.

[156] Vgl. Art. 2 lit. a: „Im Sinne dieses Übereinkommens
a) bezeichnet der Ausdruck ‚organisierte kriminelle Gruppe' eine strukturierte Gruppe von drei oder mehr Personen, die eine gewisse Zeit lang besteht und gemeinsam mit dem Ziel vorgeht, eine oder mehrere schwere Straftaten oder in Übereinstimmung mit diesem Übereinkommen umschriebene Straftaten zu begehen, um sich unmittelbar oder mittelbar einen finanziellen oder sonstigen materiellen Vorteil zu verschaffen".

[157] Vgl. Art. 2 lit. c: „bezeichnet der Ausdruck ‚strukturierte Gruppe' eine Gruppe, die nicht zufällig zur unmittelbaren Begehung einer Straftat gebildet wird und die nicht notwendigerweise förmlich festgelegte Rollen für ihre Mitglieder, eine kontinuierliche Mitgliedschaft oder eine ausgeprägte Struktur hat".

[158] Ratsbeschluss 2004/579/EG, ABl. L 261 v. 6.8.2004, S. 69.

Im Rahmenbeschluss werden die „kriminelle Vereinigung" und der „organisierte Zusammenschluss" definiert, in der UNTOC die „organisierte kriminelle Gruppe" und die „strukturierte Gruppe". Begrifflich entsprechen sich dabei die „kriminelle Vereinigung" (Rahmenbeschluss) und die „organisierte kriminelle Gruppe" (UNTOC) sowie der „organisierte Zusammenschluss" (Rahmenbeschluss) und die „strukturierte Gruppe" (UNTOC). Trotz einiger sprachlicher Unterschiede in den Merkmalen dieser Begriffe beschreiben diese Begriffe denselben Gegenstand – die OK. Besonders deutlich wird diese Entsprechung bei den Begriffen „organisierter Zusammenschluss" (Rahmenbeschluss) und „strukturierte Gruppe" (UNTOC), denn die Definitionen dieser Begriffe sind fast wortgleich.

2.5.1.3.1.1 Personell

In personeller Hinsicht geht man übereinstimmend in beiden Vertragswerken von mind. drei beteiligten Personen aus. Die Unterschiede in beiden Begriffsbestimmungen sind nur sprachlicher Art. Im Rahmenbeschluss (Art. 1 Nr. 1) werden mehr als zwei genannt, in der UNTOC (Art. 2 lit. a) mindestens drei Personen vorausgesetzt.

2.5.1.3.1.2 Temporär

In zeitlicher Hinsicht geht man übereinstimmend davon aus, dass der Zusammenschluss der Gruppe eine gewisse Beständigkeit haben muss. Der Rahmenbeschluss definiert dies als „auf längere Dauer" angelegten Zusammenschluss, während in der UNTOC nur von einer „gewissen Zeit" die Rede ist.

2.5.1.3.1.3 Ziele

Ein typisches Merkmal der organisierten Kriminalität ist die Zweckbestimmung der gemeinsamen Vorgehensweise der in der Gruppe organisierten Straftäter. Dieses Merkmal nehmen auch die beiden internationalen Vorgaben auf. Sowohl in der UNTOC als auch im Rahmenbeschluss wird die Zweckbestimmung übereinstimmend definiert als Handeln, um sich „unmittelbar oder mittelbar einen finanziellen oder sonstigen materiellen Vorteil" zu verschaffen.

Inhaltlich entsprechen sich beide Vorgaben auch hinsichtlich der in Bezug genommenen Straftaten: Das Mindesthöchstmaß der angedrohten Freiheitsstrafe beträgt vier Jahre.

Allerdings ist hinsichtlich der intendierten Handlungsweise der Personen in der Gruppierung *scheinbar* ein Unterschied festzustellen, denn wie die Personen zusammenwirken müssen, wird verschieden formuliert. Im Rahmenbeschluss ist von einem „in Verabredung handeln" die Rede. Demgegenüber lautet die Formulierung in der UNTOC „gemeinsam (…) vorgeht (…) Straftaten zu begehen". Die Formulierung im Rahmenbeschluss legt nahe, dass das gestalterisch-planerische Element durch das In-Verabredung-Handeln deutlicher ausgeprägt ist als in der UNTOC, wo ein gemeinsames Zusammenwirken genügt. Der Maßgeblich englische Vertragstext der UNTOC spricht von „acting in concert", was dem deutschen

In-Verabredung-Handeln sehr nahe kommen dürfte. Auch in der englischen Fassung des Rahmenbeschlusses wird diese Formulierung verwendet. Im Ergebnis und mit Blick auf den Originalvertragstext dürfte der Unterschied also nur der deutschen Übersetzung geschuldet sein. Inhaltlich ist keine Abweichung zwischen beiden Vorgaben festzustellen.

2.5.1.3.1.4 Beteiligung

Auch hinsichtlich der Kriminalisierung der Beteiligung an einer kriminellen Vereinigung bzw. einer organisierten kriminellen Gruppe sind Gemeinsamkeiten in beiden Konventionen feststellbar. So entspricht Art. 2 lit. a) des Rahmenbeschlusses im Wesentlichen Art. 5 Abs. 1 a) lit. ii der UNTOC, soweit die aktive Beteiligung angesprochen wird. Der Rahmenbeschluss ist jedoch hinsichtlich der Art der Beteiligung konkreter formuliert (Bereitstellung von Informationen oder materiellen Mitteln, Anwerbung neuer Mitglieder oder durch jegliche Art der Finanzierung der Tätigkeiten der Vereinigung) als die UNTOC. Inhaltlich werden von der UNTOC jedoch auch diese Verhaltensweisen miterfasst.

2.5.2 Zwischenergebnis

Angesichts der internationalen Vorgaben, zu deren Umsetzung der deutsche Gesetzgeber ebenso verpflichtet war wie die deutsche Rechtsprechung, eine Konvergenz im Wege der unionsrechtskonformen bzw. völkerrechtskonformen Auslegung[159] zu schaffen, müsste man davon ausgehen können, dass im EU-Raum und unter den Vertragsstaaten der UNTOC von einer Harmonisierung des Organisationsdeliktes der „kriminellen Vereinigung" auszugehen ist. Allerdings ist in der deutschen strafgerichtlichen Praxis ein weitaus engeres Verständnis herrschend.

2.5.3 Auslegung des § 129 StGB in der Rechtsprechung des BGH zum Merkmal der „kriminellen Vereinigung"

Trotz der genannten internationalen Vorgaben und der Verpflichtung zur unionsrechts- bzw. völkerrechtskonformen Auslegung des nationalen Rechts haftet die Rechtspraxis weiterhin an dem sehr engen Verständnis der kriminellen Vereinigung, das sich nach wie vor an strengen Hierarchien, Willensunterworfenheit und dem Typus für die Gesellschaft gefährlicher politisch-krimineller Organisationen orientiert.

---

[159] Vgl. zur Verpflichtung zur völkerrechtskonformen Auslegung *Pintaske*, Das Palermo-Übereinkommen und sein Einfluss auf das deutsche Strafrecht, 2014, S. 149 ff.

Den vorläufigen Schlusspunkt um die Diskussion, inwieweit § 129 StGB dem in der Europäischen Union herrschenden Typus der kriminellen Vereinigung und damit der organisierten Kriminalität entsprechen kann, bildet die Entscheidung des BGH vom 3.12.2009, in der sich der BGH auch mit dem Rahmenbeschluss der EU zur organisierten Kriminalität beschäftigt hat.[160] Die Frage der völkerrechtskonformen Auslegung im Rahmen der UNTOC wurde höchstrichterlich bisher nicht beantwortet.[161] Allerdings ergeben sich aufgrund der inhaltlichen Kongruenz der beiden Vorgaben (vgl. o. 2.5.1.3) auch keine Anhaltspunkte, die an einer Verpflichtung zur völkerrechtskonformen Auslegung Zweifel aufkommen lassen könnten. Im Gegenteil: Die Verpflichtung hat sich sogar noch *verstärkt*, nachdem die EU der UNTOC selbst beigetreten (vgl. o. 2.5.1.3.1) und über Art. 216 Abs. 2 AEUV auch eine *Bindungswirkung* für die Mitgliedstaaten eingetreten ist.

Der BGH führt in der genannten Entscheidung aus:

„Das Vorliegen einer Vereinigung hängt nach bisher in der Rechtsprechung gebräuchlicher Definition von verschiedenen personellen, organisatorischen, voluntativen sowie zeitlichen Kriterien ab. Als Vereinigung im Sinne der §§ 129 ff. StGB ist danach der auf eine gewisse Dauer angelegte, freiwillige organisatorische Zusammenschluss von mindestens drei Personen zu verstehen, die bei Unterordnung des Willens des Einzelnen unter den Willen der Gesamtheit gemeinsame Zwecke verfolgen und unter sich derart in Beziehung stehen, dass sie sich untereinander als einheitlicher Verband fühlen (st. Rspr.; zuletzt BGH, NJW 2009, 3448, 3459, zur Veröffentlichung in BGHSt bestimmt; s. auch BGHSt 28, 147; 31, 202, 204 f.; 31, 239 f.; 45, 26, 35; BGH, NJW 2005, 1668; 2006, 1603; BGHR StGB § 129 Vereinigung 3)."[162] (…) „Eine Vereinigung ist in struktureller Hinsicht dadurch gekennzeichnet, dass ein Mindestmaß an fester Organisation mit einer gegenseitigen Verpflichtung der Mitglieder besteht (BGHSt 31, 202, 206; 31, 239, 242). Diese innere Organisation muss so stark sein, dass sich die Durchsetzung der Ziele der Vereinigung nach bestimmten Gruppenregeln vollzieht und der individuelle Gestaltungseinfluss des Einzelnen dahinter zurücktritt. Die Straftaten und Aktionen, die von den Mitgliedern der Vereinigung geplant und begangen werden, müssen vor diesem Hintergrund stattfinden. Erforderlich ist dabei ein mitgliedschaftliches Zusammenwirken zu einem gemeinsamen Zweck mit verteilten Rollen und einer abgestimmten, koordinierten Aufgabenverteilung (BGH, NJW 1992, 1518)."[163]

Der BGH hat in dieser Entscheidung der Auslegung des voluntativen Elements enge Grenzen gesetzt, womit gleichzeitig ein Ausscheren aus den Vorgaben der internationalen Vorgaben verbunden ist:

„Nach bisher ständiger Rechtsprechung ist wesentlich für eine Vereinigung die subjektive Einbindung der Beteiligten in die kriminellen Ziele der Organisation und in deren entsprechende Willensbildung unter Zurückstellung individueller Einzelmeinungen. Innerhalb der Vereinigung müssen deshalb grundsätzlich bestimmte, von ihren Mitgliedern anerkannte Entscheidungsstrukturen bestehen; dieser organisierten Willensbildung müssen sich die Mitglieder als für alle verbindlich unterwerfen. Der bloße Wille mehrerer Personen, gemeinsam Straftaten zu begehen, verbindet diese noch nicht zu einer kriminellen Vereinigung, weil der Wille des Einzelnen maßgeblich bleibt und die Unterordnung unter einen Gruppenwillen unterbleibt. Die Art und Weise der Willensbildung ist allerdings gleichgültig; maßgeblich ist

---

[160] BGHSt 54, 216 ff.
[161] Vgl. dazu *Pintaske* (Fn. 159), S. 181.
[162] BGHSt 54, 216 (221).
[163] BGHSt 54, 216 (225).

2.5 Die materiell-strafrechtliche Erfassung der OK

allein, dass sie von den Mitgliedern der Vereinigung übereinstimmend anerkannt wird. Die für alle Mitglieder verbindlichen Regeln können etwa dem Demokratieprinzip entsprechen oder auf dem Prinzip von Befehl und Gehorsam aufgebaut sein. Die Annahme einer Vereinigung scheidet indes aus, wenn die Mitglieder einer Gruppierung sich nur jeweils der autoritären Führung einer Person unterwerfen, ohne dass dies vom Gruppenwillen abgeleitet wird (BGHSt 31, 239, 240; 45, 26, 35; BGH, NJW 1992, 1518; 2009, 3448, 3460, zur Veröffentlichung in BGHSt bestimmt)."[164]

Die Bindungen der Personen innerhalb einer kriminellen Vereinigung und deren Bedeutung für die Gruppe könnte man nicht komplizierter beschreiben. Dabei liegen die Widersprüche auf der Hand, und sie werden vom BGH auch – allerdings ohne Konsequenzen – benannt: keine kriminelle Vereinigung, wenn sich die Mitglieder einer Gruppe der Autorität einer Person unterwerfen, wenn dies nicht vom Gruppenwillen abgeleitet wird. Von der Praktikabilität einer solchen Auslegung ganz abgesehen, hat diese Vorstellung wenig mit dem zu tun, was OK heute bedeutet. Das Verhältnis von Freiheit und Unfreiheit der Gruppenmitglieder in der Sichtweise des BGH ist auch strafrechtsdogmatisch nicht unproblematisch, bedeutet es doch „freiwillige Unfreiheit" („freiwilliger Zusammenschluss"/„Unterordnung unter einen Gruppenwillen").

Angesichts dieser Widersprüche sieht der BGH aber auch keine Veranlassung, auf der Grundlage einer unionsrechtskonformen Auslegung und vor dem Hintergrund des EU-Rahmenbeschlusses zur OK Anpassungen vorzunehmen:

> „Diese Begriffsbestimmungen können nicht unmittelbar für die §§ 129 ff. StGB übernommen werden. Zwar sind bei der Auslegung des deutschen Rechts auch die in Rahmenbeschlüssen des Rates der Europäischen Union enthaltenen Vorgaben grundsätzlich zu berücksichtigen; denn die nationalen Gerichte haben ihre Auslegung des innerstaatlichen Rechts auch an deren Wortlaut und Zweck auszurichten (Grundsatz der gemeinschaftsrechtskonformen Auslegung, s. EuGH NJW 2005, 2839 – Pupino). Diese Verpflichtung der nationalen Gerichte besteht jedoch nicht uneingeschränkt; sie wird vielmehr durch die allgemeinen Rechtsgrundsätze und insbesondere durch den Grundsatz der Rechtssicherheit und das Rückwirkungsverbot begrenzt (EuGH a.a.O. S. 2841). Einer Auslegung des Tatbestandsmerkmals der Vereinigung im Sinne der §§ 129 ff. StGB, die sich an den zitierten Begriffsbestimmungen des Rahmenbeschlusses orientiert, stehen derartige allgemeine Rechtsgrundsätze des deutschen Strafrechts entgegen:
> Die Übertragung der Definition einer kriminellen Vereinigung in Art. 1 des Rahmenbeschlusses vom 24.10.2008 in das nationale Recht würde zu einem unauflösbaren Widerspruch zu wesentlichen Grundgedanken des Systems der Strafbarkeit mehrerer zusammenwirkender Personen führen, auf dem das deutsche materielle Strafrecht beruht. Die Umschreibung einer kriminellen Vereinigung nach Art. 1 des Rahmenbeschlusses vom 24.10.2008 unterscheidet sich in ihrem inhaltlichen Gehalt allenfalls nur noch in unwesentlichen Randbereichen von derjenigen einer Bande, wie sie in der neueren Rechtsprechung (BGHSt 46, 321) vorgenommen wird. (…)."[165]
> „Dieser grundlegende Unterschied ginge bei einer Übernahme des europarechtlichen Begriffs der kriminellen Vereinigung verloren, denn in diesem Fall wäre bereits die Mitgliedschaft in einer Gruppierung strafbar, die lediglich die Voraussetzungen einer Bande erfüllt."[166]

---

[164] BGHSt 54, 216 (226 f.).
[165] BGHSt 54, 216 (223 f.).
[166] BGHSt 54, 216 (224).

Dabei hat der BGH noch nicht einmal den Versuch unternommen, eine unionsrechts- bzw. völkerrechtskonforme Auslegung zu entwickeln, deren Ergebnisse sich dann am Maßstab der Widerspruchsfreiheit der innersystematischen Zusammenhänge hätten messen lassen können. Wie sehr der BGH noch an dem überkommenen Typus der kriminellen Vereinigung festhält und moderne Formen organisierter Kriminalität damit ausgeschieden werden, wird besonders am Beispiel der Wirtschaftskriminalität deutlich:

> „Ein derartiges übergeordnetes Ziel verfolgen die Mitglieder einer Gruppierung typischerweise etwa in den Fällen politisch, ideologisch, religiös oder weltanschaulich motivierter Kriminalität. Solche Fallgestaltungen erscheinen jedoch darüber hinaus auch im Bereich der Wirtschaftskriminalität denkbar. Dort wird es indes regelmäßig an der Verfolgung eines übergeordneten gemeinschaftlichen Ziels fehlen; denn bei Wirtschaftsstraftaten steht typischerweise das persönliche Gewinnstreben des einzelnen Täters im Vordergrund. In diesen Fällen sind die hergebrachten Grundsätze zur Feststellung des Gruppenwillens weiterhin maßgebend; deshalb sind hier nach wie vor Feststellungen dazu erforderlich, nach welchen Regeln sich der gemeinschaftliche Wille der Gruppierung bildet, denen die einzelnen Mitglieder folgen, weil sie sie als verbindlich ansehen. Aus den dargelegten Gründen kommt es auch vor dem Hintergrund der Regelungen in dem Rahmenbeschluss des Rates vom 24.10.2008, der ersichtlich vor allem wirtschaftskriminelle Gruppierungen in den Blick nimmt, nicht in Betracht, die inhaltlichen Anforderungen an eine kriminelle Vereinigung speziell für diesen Bereich zu mindern. Es verstieße im Übrigen gegen fundamentale Auslegungsgrundsätze, wollte man das Tatbestandsmerkmal der kriminellen Vereinigung abhängig von den tatsächlichen Feststellungen zu den Zielsetzungen des Personenzusammenschlusses unterschiedlich interpretieren; der Begriff der kriminellen Vereinigung kann deshalb nur insgesamt einheitlich verstanden werden."[167]

Bereits vor der Pflicht zur Berücksichtigung des Rahmenbeschlusses zur Bekämpfung der organisierten Kriminalität sowie der UNTOC hatte die Rechtsprechung bestimmte, ein hohes OK-Potential aufweisende Fälle aufgrund des engen Verständnisses der kriminellen Vereinigung nicht erfasst. So wurde beispielsweise das Bestehen einer kriminellen Vereinigung verneint bei einem ausschließlich zum Zweck der illegalen Arbeitsvermittlung gegründeten oder betriebenen Wirtschaftsunternehmen.[168] Ebenso wurde § 129 StGB abgelehnt bei einer Organisation, die Spielkasinos betrieb, in denen illegales Glücksspiel veranstaltet wurde,[169] sowie bei einem Zusammenschluss mehrerer Personen und Unternehmen, um organisiert – in der Form von Umsatzsteuerkarussellen – Steuerstraftaten[170] oder Umweltstraftaten[171] zu begehen.

---

[167] BGHSt 54, 216 (230); vgl. a. BGHSt 57, 14 ff. (18 f.): „Vereinigungen, die den § 129 ff. StGB unterfallen, können in einer kaum überschaubaren Vielzahl von tatsächlichen Organisationsformen auftreten. So werden etwa Gruppierungen mit wirtschaftlichen Zielsetzungen ebenso erfasst wie solche, die politische, ideologische oder religiöse Zwecke verfolgen."
[168] BGHSt 31, 202 ff.
[169] BGH, NJW 1992, 1518 ff.
[170] BGH, NStZ 2004, 574.
[171] BGH, Urteil v. 6.4.2001 – 2 StR 356/00, BeckRS 2001, 30173799.

2.5 Die materiell-strafrechtliche Erfassung der OK

Auch nach der völkerrechtlichen Verbindlichkeit der UNTOC (14.6.2006)[172] für Deutschland sowie der unionsrechtlichen Bindung an den Rahmenbeschluss (10.5.2010) und der damit verbundenen Pflicht zur völkerrechts-/unionsrechtskonformen Auslegung änderte sich die restriktive Interpretation der kriminellen Vereinigung nicht. So wurde die Anwendbarkeit des § 129 StGB bei einer Gruppierung verneint, deren Ziel der gewinnbringende Schmuggel und Absatz unversteuerter Zigaretten war.[173] Im letztgenannten Fall soll eine kriminelle Vereinigung selbst dann nicht vorliegen, wenn eine Person als Anführer eingesetzt wird, nach dem sich die anderen richten. Nach den Feststellungen des Tatgerichts waren die Angeklagten Mitglieder einer auf Dauer angelegten, arbeitsteilig tätigen und hierarchisch strukturierten Gruppierung, deren Ziel der gewinnbringende Schmuggel und Absatz unversteuerter Zigaretten war. Insgesamt ging es um die illegale Einfuhr von 2.240.000 unversteuerten und unverzollten Zigaretten in das Zollgebiet der Europäischen Gemeinschaften, indem die Angeklagten den Weitertransport der über Griechenland eingeschmuggelten Zigaretten nach Deutschland organisierten. Es wurden Einfuhrabgaben i. H. v. 320.000 Euro hinterzogen. In zwei weiteren Fällen übergaben die Angeklagten unversteuerte Zigaretten, auf denen Tabaksteuer von knapp 58.000 Euro bzw. 125.000 Euro lasteten, aus verschiedenen Lagern in Deutschland zum Zwecke des Verkaufs an verschiedene Abnehmer. Einer der Angeklagten verlangte unter Anwendung von körperlicher Gewalt und der Androhung weiterer Gewalt von einer anderen Person 150.000 Euro als Ausgleich dafür, dass dieser die Zigaretten aus dem ersten Transport gestohlen hatte. In jüngerer Zeit wurde beim organisiert begangenen Call-Center-Lastschriftenbetrug[174] das Problem noch nicht einmal diskutiert sowie beim illegalen international organisierten Arzneimittelhandel von der Tatsacheninstanz verneint.[175]

Es bleibt zu konstatieren, dass sich organisierte Kriminalität *rechtlich* kaum bemerkt in Bereiche der Wirtschaftskriminalität ausgebreitet hat und bestimmte Fälle mit sehr hohem OK-Potential bei der Justiz als bloße Bandendelikte behandelt werden.[176] Das hat rechtliche Gründe und ist nicht selten auch den knappen justiziellen Ressourcen geschuldet. Von nicht zu unterschätzender Bedeutung ist, dass sich die Justiz in § 154 StPO „flüchten" kann, um einer aufwendigen Beweisaufnahme zu

---

[172] Vgl. dazu *Pintaske* (Fn. 159), S. 58 ff.

[173] BGH, NStZ 2007, 31 ff.

[174] *Sinn*, ZJS 2014, S. 701 ff.

[175] Urteil des LG Potsdam 25 KLs 8/14 v. 19.5.2015 (unveröffentlicht/nicht rechtskräftig), in dem die Merkmale der kriminellen Vereinigung bei einem Fall organisierten Vertriebs gefälschter Arzneimittel mit Hinweis auf BGHSt 54, 216 ff. abgelehnt wurden.

[176] Vgl. bspw. BGH zum Serienbetrug im Lastschriftenverfahren, NStZ 2014, S. 459 ff., vgl. dazu die Anm. von *Sinn*, ZJS 2014, S. 701 ff. sowie Urteil des LG Potsdam (o. Fn. 175). Vgl. zum Zusammenhang mit der WiKri *Albrecht* (Fn. 90), S. 275 f. und im Kontext der Finanzkrise *Schünemann*, in: *ders.*, Die sogenannte Finanzkrise – Systemversagen oder global organisierte Kriminalität, 2010, S. 71 ff. (102). Generell ablehnend zu einer Einbeziehung von Wirtschaftskriminalität in den Anwendungsbereich des § 129 StGB *Rübenstahl*, wistra 2014, 166 ff.

§ 129 StGB zu entgehen. Betrachtet man die PKS im Kontext der Strafverfolgungsstatistik, so spielt § 129 StGB schon nach Abschluss der polizeilichen Ermittlungen kaum eine Rolle mehr.[177] Die Autobahn der Polizei endet dann auf dem Feldweg der Justiz. Subventions- und Kapitalanlagebetrug, Geldwäsche, Steuerhinterziehung, Korruption und Verbot des Insiderhandels sind Kriminalisierungen wirtschaftlicher Verhaltensweisen. Die dahinter verborgenen Abläufe sind komplex und schwer kontrollierbar. Die Grenzen zwischen abweichendem und normkonformem Verhalten sind fließend. Im Kriminaljustizsystem sprechen hier die wenigsten von OK.[178] Man spricht von Wirtschafts- oder Unternehmenskriminalität und versucht, diesen Bereich OK-frei zu halten.[179] Aber wo sind die Grenzen? Sind nicht gerade Geldwäsche und Korruption Tätigkeitsbereiche der OK? Zwar fällt es schwer, Banker oder Broker mit Mafiabossen zu vergleichen, doch da wir heute wissen, dass OK nicht gleichbedeutend mit Mafia und oftmals nicht von legalen Unternehmensstrukturen zu unterscheiden ist, kann auch keine eindeutige Abgrenzung zwischen Wirtschaftskriminalität und OK stattfinden. Im Fokus steht vielmehr die *Macht*: Entscheidungsmacht, Macht der Funktion, die Macht der Kontakte, die Macht über Ressourcen und Einfluss und damit letztendlich die *Macht zur Organisation*.[180] Und auch, wenn keine körperliche Gewalt ausgeübt wird, so kann Macht über Geld und Personen eine ähnliche Wirkung entfalten. Immerhin ist die zivilgerichtliche Rechtsprechung auf OK-Strukturen in der Wirtschaft aufmerksam geworden. Wenn der alleinige Geschäftszweck eines Unternehmens im Kontext krimineller Verhaltensweisen der (faktischen) Organe steht und die Verfassung der Gesellschaft und die Stellung der Gesellschafter rein formaler Natur sind und nur dem Zweck dienen, durch Vorspiegelung legaler Geschäfte bspw. Kapitalanleger zu betrügen, so ist das organisierte Wirtschaftskriminalität. Derartige Zusammenschlüsse von Personen in scheinbar legalen Gesellschaftsformen entsprechen eher einem Verband im Sinne von § 129 StGB als einer juristischen Person.[181] Die generelle und systematische Einbeziehung von Wirtschaftskriminalität muss deshalb zur Grundlage einer zukünftigen OK-Strategie gehören.[182]

Vergleicht man das enge Verständnis der Rechtsprechung zur kriminellen Vereinigung und deren Auslegung des Bandenbegriffs mit den internationalen Vorgaben zur kriminellen Vereinigung, so ergibt sich die Übersicht in Tab. 2.1:

---

[177] *Kinzig* (Fn. 12), S. 266.
[178] *Peter-Alexis Albrecht*, Kriminologie, 3. Aufl. 2005, S. 346.
[179] *Rübenstahl*, wistra 2014, 166 ff.
[180] Vgl. zu einer machttheoretischen Verbrechenslehre *Sinn*, Straffreistellung aufgrund von Drittverhalten, 2007.
[181] Vgl. LG Düsseldorf, Urteil v. 20.01.2014 – 1 O 189/09, BeckRS 2014, 22087.
[182] Vgl. *Weigand/Büchler* (Fn. 17), S. 32.

Tab. 2.1 Der Begriff der kriminellen Vereinigung auf nationaler, völkerrechtlicher und europäischer Ebene im Vergleich zur Bande

Merkmale	BGHSt 54, 216	UNTOC	RB 2008/841/JI	Bande (BGHSt 46, 321)
Personell	3	3	3	3
Zeitlich	Längerfristig; für gewisse Dauer	Längerfristig; auf gewisse Zeit angelegt	Längerfristig; auf längere Dauer angelegt	Längerfristig; für gewisse Dauer
Organisatorisch (strukturell) (mind.)	Fest; *feste* Organisation mit einer gegenseitigen Verpflichtung der Mitglieder	Mindestmaß längerfristiger instrumenteller Vorausplanung sowie Koordination	Mindestmaß längerfristiger instrumenteller Vorausplanung sowie Koordination	Locker; keine Organisationsstruktur erforderlich
Voluntativ	Gesamtwille; Unterordnung des Willens des Einzelnen unter den Willen der Gesamtheit zur Verfolgung gemeinsamer Zwecke	Kein Gesamtwille; regelhafte Willensbildung ausreichend	Kein Gesamtwille; regelhafte Willensbildung ausreichend	Kein Gesamtwille; eigene Interessen an einer risikolosen und effektiven Tatausführung sowie Beute- und Gewinnerzielung können verfolgt werden

Übersicht nach *Pintaske* (Fn. 159), S. 167

2.5.4 Defizite bei der Geldwäscheverfolgung im Zusammenhang mit der kriminellen Vereinigung

Von besonderer Brisanz ist die mangelnde Angleichung der Merkmale einer kriminellen Vereinigung an die internationalen Vorgaben im Bereich der Geldwäscheverfolgung. Denn hier zeigen sich ganz offensichtlich Verfolgungslücken, die auf rechtliche Defizite zurückzuführen sind. Dabei liegt es auf der Hand, dass eine wirksame OK-Verfolgung mit einer effektiven Geldwäschestrategie, die rechtlich abgesichert sein muss, Hand in Hand gehen muss.

2.5.4.1 Die Bildung einer kriminellen Vereinigung als Auslandstat, § 261 Abs. 1 Nr. 5 i. V. m. Abs. 8 StGB

Die Bildung einer kriminellen Vereinigung kann taugliche Vortat für eine Geldwäsche sein, § 261 Abs. 1 Nr. 5 StGB. Das gilt auch in den Fällen von Auslandsvortaten, § 261 Abs. 8 StGB. Für die Anwendung des § 261 Abs. 8 StGB kommt es zum einen darauf an, dass „die Tat auch am Tatort mit Strafe" bedroht ist. Die Voraussetzung der Tatortstrafbarkeit der ausländischen Vortat in § 261 Abs. 8

StGB dient dem Zweck, festgestellte Tatsachen deutscher Strafverfolgungsorgane bezüglich einer Vortat unter einen fremden Straftatbestand zu subsumieren, wenn die Vortat auf fremdem Territorium stattgefunden hat. Das ist der aus dem Strafanwendungsrecht bekannte *lex loci* Vorbehalt. In Fällen aber, in denen ausländische Strafverfolgungsorgane Feststellungen zu einer kriminellen Vereinigung getroffen haben, müssen diese eine Vortat i.S.d. § 261 Abs. 1 Nr. 5 StGB – insb. § 129 StGB – begründen.[183] Denn „den in den Absätzen 1, 2 und 5 bezeichneten Gegenständen stehen solche gleich, die aus einer im Ausland begangenen Tat *der in Absatz 1 bezeichneten Art* herrühren".[184] Das bedeutet, dass die Auslandstat den Vortaten des deutschen Geldwäschetatbestandes entsprechen, also die Voraussetzungen einer rechtswidrigen Tat i.S.d. Abs. 1 S. 2 erfüllen müsste, wenn sie im Inland begangen worden wäre.[185] Denn eine Strafbarkeit nach deutschem Recht setzt voraus, dass die Strafbarkeit nach inländischem Recht dem Gesetzlichkeitsprinzip entsprechend durch den *deutschen Gesetzgeber* festgelegt worden ist. Wenn dementsprechend § 261 Abs. 1 Nr. 5 i. V. m. Abs. 8 StGB von einer kriminellen Vereinigung i.S.v. § 129 StGB spricht, so müssen die Merkmale dieses Straftatbestandes auch bei einer Auslandstat festgestellt werden. Andernfalls würde ein Straftatbestand Geltung beanspruchen und innerhalb § 261 StGB strafbegründend wirken, der in Deutschland nicht gilt. Es ist also grundsätzlich ausgeschlossen, allein aus einer ausländischen Verurteilung wegen Mitgliedschaft in einer kriminellen Vereinigung unmittelbar auf eine Vortat gemäß § 129 StGB zu schließen. Dies wäre ausnahmsweise nur dann möglich, wenn sich die Begriffsmerkmale entsprechen würden, wenn also Kongruenz zwischen der ausländischen und der inländischen Regelung zur kriminellen Vereinigung vorläge.

2.5.4.2 Konsequenzen mangelnder Inkongruenz des § 129 StGB mit internationalen Vorgaben bei der Gelwäsche im Zusammenhang mit Vortaten im Ausland

Diese Kongruenz sollen die internationalen Vorgaben zu den Merkmalen einer kriminellen Vereinigung gerade schaffen, um den nationalen strafrechtsdogmatischen Prinzipien und Mechanismen entsprechen zu können. Da die Auslegung der kriminellen Vereinigung in der deutschen Rechtspraxis aber wesentlich enger ist als in anderen Staaten, die sich an den internationalen Vorgaben orientieren, bestehen kaum Möglichkeiten einer Bestrafung wegen Geldwäsche aufgrund einer Beteiligung an einer kriminellen Vereinigung als Auslandsvortat. Eine Kompensation dieses Ergebnisses wird auch nicht dadurch erreicht, dass gemäß § 129b StGB auch ausländische kriminel-

---

[183] *Stree/Hecker*, in: Schönke/Schröder, § 261 Rn. 8.
[184] § 261 Abs. 8 StGB mit Hervorhebung vom *Verf.*
[185] So *Nestler*, in: Herzog (Hrsg.), Geldwäschegesetz, § 261 Rn. 44, vgl. a. *Lütke*, wistra 2001, 85 ff. (87): „Vielmehr muss der Lebenssachverhalt, der das Tatgeschehen bildet, in beiden Staaten und Rechtsordnungen übereinstimmend strafbar sein." Wohl a. A., aber ohne Begründung *Jahn*, in: Satzger/Schluckebier/Widmaier § 261 Rn. 19.

le Vereinigungen vom deutschen Strafrecht erfasst werden. Erfasst wird nämlich gerade nicht die durch einen Ausländer nur im Ausland erfolgende Unterstützungstätigkeit einer ausschließlich ausländische Opfer betrügerisch schädigenden kriminellen Vereinigung.[186] Werden die Mitglieder dieser kriminellen Vereinigung wegen deren Mitgliedschaft im Ausland verurteilt und haben sie in Deutschland das erlangte Geld gewaschen, so wird deren geldwäscherelevante Vortat (kriminelle Vereinigung) am Maßstab des § 129 StGB und dem in der Rechtspraxis geltenden engen Verständnis gemessen, was eine Verurteilung aufgrund § 261 StGB i.d.R. unmöglich machen wird.

2.5.5 Zusammenfassung

Wie nachgewiesen wurde, nennen die internationalen Vorgaben nicht das Merkmal der Unterordnung der einzelnen Gruppenmitglieder unter einen gemeinsamen Gruppenwillen. Trotzdem haftet der BGH an einer Auslegung der „kriminellen Vereinigung", die dieses Merkmal verlangt. Das hat zur Konsequenz, dass Zusammenschlüsse von Personen zu kriminellen Zwecken vor dem Hintergrund des § 129 StGB und nach dieser Vorschrift dann nicht zu bestrafen sind, wenn sich die Personen jeweils nur für sich der vom Gruppenwillen nicht abgeleiteten autoritären Führung einer bestimmten Person unterwerfen. Die Bundesregierung hatte auf eine kleine Anfrage aus dem Jahr 2013 und die o. g. Rechtsprechung des BGH hin zugesichert, den gesetzgeberischen Handlungsbedarf im Hinblick auf die neueren Entscheidungen des BGH zu prüfen.[187] Bisher haben jedoch keine Anpassungen stattgefunden. Dabei gibt es seit längerer Zeit Stimmen, die eine Orientierung des deutschen Begriffs der kriminellen Vereinigung „weniger am Bild von Vereinssatzungen oder Parteibeschlüssen als an dem wirklichkeitsnäheren Bild hierarchisch strukturierter Verbrecherorganisationen" fordern.[188] Und auch eine jüngere Untersuchung zur UNTOC auch im Zusammenhang mit dem Rahmenbeschluss der EU zur kriminellen Vereinigung hat herausgearbeitet, dass eine völkerrechtskonforme bzw. unionsrechtskonforme Auslegung des § 129 StGB möglich ist, ohne die strukturellen Unterschiede zwischen der „kriminellen Vereinigung" und der „Bande" und die damit verbundenen Wertentscheidungen des Gesetzgebers in Frage zu stellen.[189] Zur Lösung des Dilemmas liegt es nahe, folgende Auslegung vorzuziehen:

Eine kriminelle Vereinigung ist ein nicht nur kurzfristiger freiwilliger Zusammenschluss von mindestens drei Personen, die gemeinsame kriminelle Zwecke verfolgen oder gemeinsame kriminelle Tätigkeiten bei längerfristiger Vorausplanung sowie Koordinierung und unter regelhafter Willensbildung entfalten.[190]

---

[186] Sternberg-Lieben, in: Schönke/Schröder, § 129b Rn. 3.
[187] Vgl. BT-Drs. 18/175 v. 16.12.2013, S. 2.
[188] *Fischer*, StGB § 129 Rn. 4. Gleichzeit gerät eine solche Sichtweise in die Gefahr, die Bedeutung von Netzwerkstrukturen aus den Augen zu verlieren.
[189] Vgl. ähnlich a. *Pintaske* (Fn. 159), S. 135–184.
[190] Ähnlich *Pintaske* (Fn. 159), S. 162.

Einer solchen Auslegung steht auch nicht eine am Rechtsgut des § 129 StGB orientierte Interpretation der Vorschrift entgegen, denn mit einem gegenüber der Bande höheren Organisationsgrad bei der kriminellen Vereinigung wird gleichzeitig auch die vereinigungsspezifische Gefährlichkeit begründet.[191] Der Bandenbegriff gerät dabei also nicht in die Gefahr, aufgeweicht zu werden, weil sich die kriminelle Vereinigung in völkerrechtskonformer Auslegung von der Bande immer noch durch das Vorhandensein einer Organisationsstruktur und einer regelhaften Willensbildung klar und eindeutig abgrenzen lässt.[192]

So wie beim Begriff der organisierten Kriminalität ein Schwerpunkt bei der Bestimmung der Merkmale auf „Organisation" liegt, muss auch bei der kriminellen Vereinigung dieses Merkmal deutlicher in den Mittelpunkt rücken und als Abgrenzungskriterium zu anderen Gruppierungen, wie der Bande, dienen.

Da der BGH in der oben analysierten Entscheidung aus dem Jahr 2009 davon ausgeht, dass eine unionsrechtskonforme Auslegung „durch die Rechtsprechung nicht möglich ist",[193] kann nur der Gesetzgeber Abhilfe schaffen.[194] Deutschland ist in *dreifacher Hinsicht* zu einer Anpassung des nationalen Rechts verpflichtet:

1. Als Mitgliedstaat der EU und aufgrund der daraus folgenden Bindungen an den Rahmenbeschluss des Rates zur Bekämpfung der organisierten Kriminalität vom 24.10.2008.[195]
2. Als Vertragsstaat der United Nations Convention against Transnational Organized Crime (Palermo-Übereinkommen/UNTOC).[196]
3. Aufgrund des Beitritts der EU zur UNTOC und der dadurch aus Art. 216 Abs. 2 AEUV für die Mitgliedstaaten folgenden Bindungswirkung.

---

[191] A. A. *Rübenstahl*, wistra 2014, 166 ff., der es aber versäumt, auf die internationalen Vorgaben einzugehen.
[192] Vgl. *Pintaske* (Fn. 159), S. 172 ff.
[193] BGHSt 54, 216 (224).
[194] So auch der BGH in BGHSt 54, 216 (224).
[195] Rahmenbeschluss 2008/841/JI, vgl. ABl. EG. L 300/42 v. 11.11.2008.
[196] Veröffentlicht im BGBl. II, 2005 Nr. 21, S. 956 ff.

Kapitel 3
Die rechtliche Erfassung der OK in anderen EU-Ländern

Mit dem Rahmenbeschluss zur Bekämpfung der organisierten Kriminalität hat die EU einen Rechtsrahmen geschaffen, der in fast allen EU-Ländern zu einer Harmonisierung des Strafrechts geführt hat. Allerdings sind die Unterschiede zwischen den Mitgliedstaaten trotz vieler Übereinstimmungen mit den internationalen Vorgaben bemerkenswert. So sind nicht nur verschiedene Regelungstechniken zu beobachten, sondern auch inhaltliche Unterschiede in der begrifflichen Erfassung bis hin zu drohenden Verschleifungen mit anderen deliktischen Phänomenen. Auch kann international nicht von einem einheitlichen Sprachgebrauch ausgegangen werden.

3.1 Begriff und straftatbestandliche Vertypung der organisierten Kriminalität

3.1.1 Die Rechtslage in Italien

Der Begriff „Organisierte Kriminalität" wird in verschiedenen italienischen Polizeigesetzen und im Strafvollzugsrecht grundsätzlich als Synonym für mafiaartige Organisationen verwendet. Im Strafrecht und im Strafverfahrensrecht wird er zurückhaltend gebraucht, was auf den Bestimmtheitsgrundsatz zurückzuführen ist. Deshalb werden OK-typische Verhaltensweisen nicht deskriptiv, sondern anhand eines Katalogs von Straftaten festgelegt. Von besonderer Bedeutung ist Art. 51 Abs. 3-*bis* und *quater* c.p.c., in dem die besondere Zuständigkeit der Anti-Mafia-Staatsanwaltschaften festgelegt ist. Seit 1991 werden in dieser Norm eine Reihe von Straftaten aufgezählt, die typischerweise mit der OK in Zusammenhang stehen. Dazu gehörten ursprünglich alle sogenannten Mafiadelikte (einschließlich derjenigen Straftaten, die zugunsten einer Mafiavereinigung begangen wurden), Menschenraub zum Zweck der Erpressung sowie die Vereinigung zum Zweck des Drogenschmuggels. Im Laufe der Zeit wurde der Katalog der Straftaten erheblich erweitert. Im März 2001 wurde die Vereinigung zum Zweck des Tabakschmuggels aufgenommen (vgl. Art. 51 Abs. 3-*bis* lit. f. c.p.c.) und im Oktober 2001 (nach den Ereignissen des 11. Septembers 2001 in New York und Washington) wurden alle zum Zwecke des Terrorismus begangenen Delikte und schließlich im August 2003 der Menschenhandel und die Sklaverei in den Katalog eingefügt.

Das italienische Strafgesetzbuch enthält schon seit jeher eine Strafvorschrift über die „*kriminelle Vereinigung*" („associazione per delinquere": Art. 416 c.p.). Im Jahre 1982 wurde ein Sondertatbestand über „*mafiaartige Vereinigungen*" („associazione di tipo mafioso": Art. 416 *bis* c.p.) eingeführt. Dieser Straftatbestand sollte zum wichtigsten rechtlichen Instrument zur Bekämpfung organisierter Kriminalität werden. Von der italienischen Lehre wird seit einiger Zeit der Trend in der Rechtsprechung zu einer erweiternden Auslegung des Tatbestandes beobachtet. Dabei geht es vor allem um die Rechtsfigur der „*externen Beteiligung*" („*concorso esterno*") an der mafiaartigen Vereinigung. In der Rechtsprechungspraxis sei eine Entwicklung dahingehend zu beobachten, bestimmte *mafianahe* Verhaltensweisen zu bestrafen.[1]

3.1.2 Die Rechtslage in Österreich

Die jährlichen Sicherheitsberichte Österreichs legen eine sehr weite Begriffsbestimmung für OK zugrunde. Im Sicherheitsbericht aus dem Jahr 2014 steht OK für „Gruppierungen, die kriminelle Ziele systematisch und dauerhaft verfolgen, um an Macht und vorrangig an großes Vermögen zu gelangen. Die Gewinne werden größtenteils durch Geldwäsche der legalen Wirtschaft zugeführt."[2]

Strafrechtsspezifisch wird die OK mit dem Organisationsdelikt der „kriminellen Organisation", § 278a öStGB[3] erfasst. Dabei handelt es sich um eine Strafnorm, mit der

---

[1] Vgl. zur Rechtslage in Italien *Foffani/Orlandi*, in: Gropp/Sinn (Hrsg.), Organisierte Kriminalität und kriminelle Organisationen. Präventive und repressive Maßnahmen vor dem Hintergrund des 11. September 2001, 2007., S. 221 ff.

[2] Vgl. Sicherheitsbericht Österreich 2014, S. 27 (http://www.bmi.gv.at/cms/BMI_Service/SIB_2014/Sicherheitsbericht_2014_BMI.pdf. Zugegriffen am 31.01.2016).

[3] „Wer eine auf längere Zeit angelegte unternehmensähnliche Verbindung einer größeren Zahl von Personen gründet oder sich an einer solchen Verbindung als Mitglied beteiligt (§ 278 Abs. 3),

1. die, wenn auch nicht ausschließlich, auf die wiederkehrende und geplante Begehung schwerwiegender strafbarer Handlungen, die das Leben, die körperliche Unversehrtheit, die Freiheit oder das Vermögen bedrohen, oder schwerwiegender strafbarer Handlungen im Bereich der sexuellen Ausbeutung von Menschen, der Schlepperei oder des unerlaubten Verkehrs mit Kampfmitteln, Kernmaterial und radioaktiven Stoffen, gefährlichen Abfällen, Falschgeld oder Suchtmitteln ausgerichtet ist,

2. die dadurch eine Bereicherung in großem Umfang anstrebt und

3. die andere zu korrumpieren oder einzuschüchtern oder sich auf besondere Weise gegen Strafverfolgungsmaßnahmen abzuschirmen sucht,

ist mit Freiheitsstrafe von sechs Monaten bis zu fünf Jahren zu bestrafen. § 278 Abs. 4 gilt entsprechend."

3.1 Begriff und straftatbestandliche Vertypung der organisierten Kriminalität

die *kriminelle Organisation i. e. S.* erfasst werden soll, denn das Strafgesetzbuch Österreichs enthält auch eine Regelung zur „kriminellen Vereinigung", § 278 StGB. Die kriminelle Organisation wird in § 278a öStGB durch ein zeitliches („auf längere Zeit"), ein quantitatives („größere Zahl von Personen"), ein qualitatives (strukturelle und logistische Mindestanfordernisse) sowie ein finales (fortgesetzte Begehung von bestimmten Katalogstraftaten als gemeinsames und verbindliches Ziel aller Mitglieder) Element typisiert. Ein wesentlicher Unterschied zwischen § 278 und § 278a öStGB besteht in der Anzahl der Gruppenmitglieder. Eine kriminelle Organisation gemäß § 278a öStGB setzt mehr als drei Mitglieder, nämlich eine „größere Zahl von Personen" voraus. Die h. M. interpretiert dies so, dass eine kriminelle Organisation ab einer Personenanzahl von zehn anzunehmen ist.[4] Im Vergleich zu § 278a öStGB stellt das Palermo-Übereinkommen geringere Anforderungen an eine „organized criminal group".

Demgegenüber erfasste § 278 öStGB zunächst nur die klassischen Banden. Dieses traditionelle Vorfelddelikt der „Bandenbildung", das nicht spezifisch der Verfolgung organisierter Kriminalität diente, setzte einen losen Zusammenschluss von mehr als zwei Personen zur Begehung einer *unbestimmten Vielzahl* von Straftaten voraus. Mit dem StRÄG aus dem Jahr 2002 wurde dies geändert. Die Deliktsbezeichnung „Bandenbildung" wurde in „*kriminelle Vereinigung*" mit der Begründung abgewandelt, dass dies „zeitgemäßer" und „international gebräuchlich" sei.[5] Inhaltlich genügt seither der auf längere Zeit angelegte Zusammenschluss, der auf die Begehung einer *einzigen* Straftat, etwa eines (nicht nur geringfügigen) Diebstahls, ausgerichtet ist.[6] Angesichts dieser Rechtslage wird von der Lehre in Österreich besorgt, dass die „kriminelle Vereinigung" mit der „kriminellen Organisation" verwechselt werden kann.[7] Eine Verwechslungsgefahr wird darüber hinaus mit dem Begriff der „kriminellen Verbindung", der im SPG gebraucht wird, gesehen. § 16 Abs. 1 Z 2 SPG setze im Unterschied zur „kriminellen Vereinigung" gerade eine Verbindung zur *wiederkehrenden* Begehung von Straftaten voraus. In der Wissenschaft wird deshalb davon ausgegangen, dass es besser gewesen wäre, die Bezeichnung „Bandenbildung" beizubehalten.[8] Inhaltlich wird außerdem davor gewarnt, jede „kriminelle Vereinigung" i. S. d. § 278 öStGB der organisierten Kriminalität zuzuordnen. Der Anwendungsbereich des § 278 öStGB erstrecke sich nämlich auch auf Zusammenschlüsse zur Begehung bloß leichter Straftaten, die

---

[4] Vgl. *Hochmayr*, in: Gropp/Sinn (Fn. 1), S. 261 ff. (262).
[5] EB RV StRÄG 2002, 1166 BlgNR 21. GP, 35.
[6] Vgl. § 278 Abs. 2 öStGB: „Eine kriminelle Vereinigung ist ein auf längere Zeit angelegter Zusammenschluss von mehr als zwei Personen, der darauf ausgerichtet ist, dass von einem oder mehreren Mitgliedern der Vereinigung ein oder mehrere Verbrechen, andere erhebliche Gewalttaten gegen Leib und Leben, nicht nur geringfügige Sachbeschädigungen, Diebstähle oder Betrügereien, Vergehen nach den §§ 104a, 165, 177b, 233 bis 239, 241a bis 241c, 241e, 241 f., 304 oder 307, in § 278d Abs. 1 genannten andere Vergehen oder Vergehen nach den §§ 114 Abs. 1 oder 116 des Fremdenpolizeigesetzes ausgeführt werden."
[7] In der Rspr. wird die kriminelle Vereinigung manchmal irrtümlich als kriminelle Organisation bezeichnet; siehe nur OGH 11 Os 129/03: „Beteiligung als Mitglied einer kriminellen Organisation nach § 278 Abs. 1 und Abs. 3 öStGB"; vgl. a. OGH 15 Os 22/04.
[8] Vgl. *Hochmayr* (Fn. 4), S. 263.

nicht einmal auf die Erlangung eines Vorteils ausgerichtet sein müssen. Zuletzt wurde § 278a öStGB im Jahr 2013 geändert und der Passus „oder erheblichen Einfluss auf Politik oder Wirtschaft" wurde gestrichen.[9] Anlass für diese Änderung war der „Tierschützerprozess", in dessen Zusammenhang eine missbräuchliche Anwendung des § 278a öStGB beklagt wurde.[10]

3.1.3 Die Rechtslage in Polen

Im polnischen Strafrecht existiert keine Legaldefinition der organisierten Kriminalität.[11] Vor 1989 wurde der Begriff mit Bezug auf Polen noch nicht einmal verwendet, was auf historische und ideologische Gründe zurückzuführen ist.[12] Allerdings wurde im Jahr 1994 von der Polizei zu strategischen und taktischen Zwecken eine Charakteristik der organisierten Kriminalität anhand verschiedener Merkmale entwickelt. Insbesondere die polizeiliche Spezialeinheit Central Bureau of Investigation (CBI) of the Police Main Headquarter verwendete diese Definition für die Verfolgung der organisierten Kriminalität. Sobald mindestens fünf der folgenden Merkmale erfüllt sind, kann von organisierter Kriminalität gesprochen werden:

- Gewinn oder Macht als Hauptziel der Aktivitäten,
- langfristige oder unbefristete Tätigkeit,
- Aufteilung der Aufgaben und Zuständigkeiten unter den Mitgliedern,
- eine besondere Hierarchie,
- Ausübung von verschiedenen kriminellen Aktivitäten, um Geld zu verdienen,
- Isolation von der Außenwelt – interne Disziplin und Kontrolle der Mitglieder,
- Begehung schwerer Straftaten,
- Anwendung von Gewalt oder anderer zur Einschüchterung geeigneter Mittel,
- Fähigkeit zu internationaler Tätigkeit,
- Geldwäscheaktivitäten und
- Fähigkeit, Politik, Staatsverwaltung und Strafverfolgung zu beeinflussen.

Im polnischen StGB wird die organisierte Kriminalität mit Art. 258 pStGB erfasst.

Mit Freiheitsstrafe von drei Monaten bis zu fünf Jahren wird bestraft, wer sich an einer organisierten Gruppe (Anm. des Verf.: Bande) oder Vereinigung beteiligt, deren Zweck es ist, Straftaten oder Steuerstraftaten zu begehen (Art. 258 Abs. 1 pStGB). In Art. 258 Abs. 2 pStGB wird außerdem die Strafbarkeit der Beteiligung an einer bewaffneten oder terroristischen organisierten Gruppe oder Vereinigung unter Strafe gestellt, was sich straferhöhend auswirkt. Wer eine organisierte Gruppe

---

[9] Vgl. BGBl. I Nr. 134/2013.
[10] Vgl. *Scherschneva-Koller*, Strukturermittlungen als Ermittlungsmethode zur Bekämpfung krimineller Syndikate, 2014, S. 2, 13.
[11] *Filipkowski*, in: Töttel/Büchler (Hrsg.), Research Conferences on Organised Crime at the Bundeskriminalamt in Germany 2008–2010, 2011, S. 44.
[12] *Filipkowski* (Fn. 11), S. 46.

oder Vereinigung gründet oder leitet, deren Zweck es ist, terroristische Straftaten zu begehen, wird mit Freiheitsstrafe von mindestens drei Jahren bestraft. Anhaltspunkte zur Art des Zusammenschlusses, zur Dauerhaftigkeit der eingegangenen Verbindung der Mitglieder oder zur Gruppengröße finden sich im Gesetzestext nicht. Den Gerichten und der Rechtswissenschaft wurde es überlassen, die Merkmale der Begriffe zu bestimmen, insbesondere, was der Unterschied zwischen einer kriminellen Vereinigung und einer organisierten Gruppe ist. Deshalb wird in der polnischen Lehre die Bestimmtheit der Vorschrift angezweifelt.[13] Immerhin ist Polen aber durch internationale Verträge und die EU-Mitgliedschaft an bestimmte Rahmenbedingungen, die eine Kriminalisierung der OK betreffen, gebunden. Deshalb können, wenn auch nicht transparent, aber doch immerhin inhaltlich, mit Hilfe der unionsrechts- und völkerrechtskonformen Auslegung Lösungen gefunden werden.

Seit 2006 sind die in Polen von der CBI festgestellten Fallzahlen zu den kriminellen Vereinigungen stetig angestiegen. Im Jahr 2007 wurden dort 217 kriminelle Vereinigung registriert. Bis zum Jahr 2014 hat sich deren Anzahl auf 920 mehr als *vervierfacht* (2007: 326; 2008: 425; 2009: 500; 2010: 547; 2011: 595; 2012: 772; 2013: 879).[14] Auch ein ansteigender Internationalisierungstrend sowie eine Zunahme von Gruppierungen, die in mehreren Tätigkeitsfeldern (poly-crime) agieren, können bestätigt werden.

3.1.4 Die Rechtslage in Ungarn

In Ungarn war das Phänomen „OK" vor den politischen, sozialen und ökonomischen Veränderungen beginnend mit der Wende 1989/1990 zwar nicht unbekannt. Allerdings wurde die OK erst mit dem Systemwechsel mehr und mehr zu einem Problem, dem auch offen mit rechtlichen Instrumentarien begegnet werden musste. Obwohl der Kriminal- Generaldirektor des Landespolizeipräsidiums bereits 1992 eine Verfügung, in welcher der Begriff „kriminelle Organisation" sowie die Merkmale der organisierten Kriminalität definiert sind, erließ,[15] wurden erst im Jahre 1997 OK-spezifische Regelungen in das ungarische Strafgesetzbuch aufgenommen. Heute enthält das ungStGB eine Definition der „kriminellen Organisation"

> § 459 Abs. 1 Nr. 1 ungStGB, Kriminelle Organisation: aus drei oder mehreren Personen bestehende, auf längere Dauer organisierte, aufeinander abgestimmt funktionierende Gruppe, deren Zweck darauf gerichtet ist, vorsätzliche Straftaten, die mit Freiheitsstrafe bis zu fünf Jahren oder mehr Freiheitsstrafe bedroht sind, zu begehen.

---

[13] *Filipkowski* (Fn. 11), S. 46.
[14] Quelle:http://cbsp.policja.pl/cbs/do-pobrania/raporty-z-dzialalnosci/9890,Raporty-z-dzialalnosci.html
[15] Vgl. MEPA Handbuch 2015, S. HU-29 (http://www.mepa.net/Deutsch/publikationen/PublikationsDokumente/MEPA-Buch%202015.pdf. Zugegriffen am 31.01.2016).

sowie eine Strafzumessungsregelung bezüglich Straftaten innerhalb einer kriminellen Organisation im Allgemeinen Teil des ungStGB (§ 91 ungStGB) und zum anderen eine tatbestandliche Erfassung der Beteiligung an einer kriminellen Organisation im Besonderen Teil (§ 321 ungStGB).[16]

Die ungarische OK-Konzeption korrespondiert weitgehend mit den internationalen Vorgaben.[17] Allein beim subjektiven Element werden Abweichungen erkennbar. Zum einen enthalten die einschlägigen Regelungen nicht das Merkmal, dass die Täter mit dem Ziel eines materiellen Vorteils handeln müssen (Profitorientierung) und zum anderen wird als Mindesthöchststrafe für die in Bezug genommenen Delikte der an der kriminellen Organisation beteiligten Personen fünf Jahre Freiheitsstrafe statt wie in den internationalen Vorgaben vier festgelegt.

3.2 Zusammenfassung

Die kurze Vorstellung der Rechtslage in den untersuchten Ländern zeigt deutlich auf, dass die Konzepte zur Verfolgung von organisierter Kriminalität trotz der internationalen Vorgaben noch sehr national geprägt sind. Damit soll auf der einen Seite nicht bestritten werden, dass die Länder organisierte Kriminalität verfolgen können. Außerdem ist aufgrund der völkerrechts- bzw. unionsrechtskonformen Auslegung trotz teilweise sehr unbestimmt erscheinenden Typisierungen der OK in den Strafgesetzbüchern (so in Deutschland) eine Interpretation möglich, die eine Bindung an internationale Vorgaben und damit an einen Harmonisierungsstandard ermöglichen. Auf der anderen Seite sind die nationalen Konzepte aber teilweise von intrasystematischen Widersprüchen oder jedenfalls Unklarheiten durchzogen, was eine wirksame OK-Verfolgung besorgen lässt. Insbesondere bei grenzüberschreitenden OK-Verfahren können die bereits begrifflich bestehenden Divergenzen („organisierte Gruppe", „Bande", „kriminelle Vereinigung", „kriminelle Organisation", „kriminelle Verbindung") die Strafverfolgung erschweren. Der Blick auf die deutsche Rechtslage zur Geldwäsche bestätigt die Probleme, die durch die unterschiedliche Interpretation bei Auslandsvortaten entstehen können. Unübersehbar ist auch, dass das polizeilich-taktische Verständnis von OK aufgrund eines eigens geschaffenen Merkmalskatalogs von der rechtlichen Erfassung des OK-Phänomens abweicht oder jedenfalls nicht kongruent ist (so in Deutschland und Polen).

---

[16] Vgl. zur Rechtslage in Ungarn *Nagy*, in: Gropp/Sinn (Fn. 1), S. 413 ff. (zur Rechtslage vor 2002); *Tornyai*, in: Krisztina/Szomora (Hrsg.), Bosphorus Seminar: Papers of a Bilingual Seminar on Comparative Criminal Law, Szeged, 2015, S. 101 ff. (zur Rechtslage nach 2002).

[17] *Tornyai*, in: Krisztina/Szomora (Hrsg.), Bosphorus Seminar: Papers of a Bilingual Seminar on Comparative Criminal Law, Szeged, 2015, S. 101 ff. (103); a. A. *Di Nicola* u.a., Study on paving the way for future policy initiatives in the field of fight against organised crime, Final report, hrsg. von der Europäischen Kommission, Februar 2015, S. 41, was allerdings an der mangelhaften englischen Übersetzung der ungarischen Regelung liegt.

Kapitel 4
Illegaler Handel und OK

Kriminelle Organisationen weiten ihren Wirkungsbereich auf internationaler Ebene kontinuierlich aus. Dabei profitieren sie von der Öffnung der Binnengrenzen der Europäischen Union, der wirtschaftlichen Globalisierung und Liberalisierung des Marktes sowie von neuen Technologien.[1] Die UNODC sieht in der Kombination aus hohen Gewinnen im Bereich des illegalen Handels mit gefälschten Produkten und dem geringeren Strafbarkeitsrisiko im Vergleich zum Verkauf von Betäubungsmitteln, Waffen oder dem Menschenhandel einen ganz wesentlichen Faktor, der OK begünstigt. Hinzu komme die größere gesellschaftliche Akzeptanz bei gefälschten Produkten.[2]

4.1 Was will die OK?

OK arbeitet, auch wenn sich bestimmte Gruppen hybridisiert haben, profitorientiert.[3] Bei den hybriden Gruppierungen dienen die OK-Aktivitäten der Finanzierung terroristischer Anschläge. Deshalb ist ein Merkmal der einschlägigen internationalen Bestimmungen zur OK auch stets, dass die Gruppierung mit dem Ziel handelt, sich „unmittelbar oder mittelbar einen finanziellen oder sonstigen materiellen Vorteil zu verschaffen",[4] der Zusammenschluss also auf der Basis „in order to obtain, directly or indirectly, a financial or other material benefit"[5] erfolgt. Deshalb liegt es in der Natur der OK, sich Tätigkeiten zu erschließen, die Gewinne generieren.

---

[1] Vgl. EU-Parlament, Bericht über organisiertes Verbrechen, Korruption und Geldwäsche: Empfohlene Maßnahmen und Initiativen (Schlussbericht) v. 26.9.2013 (2013/2107(INI)), S. 13.

[2] UNODC, Focus on illicit trafficking of counterfeit goods and transnational organized crime, 2014, S. 2 (https://www.unodc.org/documents/counterfeit/FocusSheet/Counterfeit_focussheet_EN_HIRES.pdf. Zugegriffen am 31.01.2016).

[3] Bei den hybriden Gruppierungen dienen die OK-Aktivitäten der Finanzierung terroristischer Anschläge.

[4] Art. 1 Nr. 1 RB 2008/841/JI.

[5] UNTOC Art. 2 lit. a.

4.2 Was „macht" die OK?

Das OK-Lagebild schlüsselt die Hauptaktivitätsfelder der OK grob auf. Genannt werden:

- Rauschgifthandel/-schmuggel
- Eigentumskriminalität
- Kriminalität im Zusammenhang mit dem Wirtschaftsleben
- Steuer- und Zolldelikte
- Schleuserkriminalität
- Gewaltkriminalität
- Fälschungskriminalität
- Geldwäsche
- Kriminalität im Zusammenhang mit dem Nachtleben
- Cybercrime
- Umweltkriminalität
- Waffenhandel/-schmuggel
- Korruption
- sonstige Kriminalitätsbereiche

Damit werden die Verbindungen zwischen der OK und besonders finanziell attraktiven Tätigkeitsbereichen sichtbar gemacht.

Nach den Feststellungen des Zolls werden insbesondere durch OK-Straftaten und organisierte illegale Vertriebsstrukturen im Bereich der Markenproduktpiraterie, der Zigaretten- und der Arzneimittelfälschung die diesbezüglichen legalen Vertriebsstrukturen und Produktionen beeinträchtigt.[6]

Spezifisch *verbraucherbezogene Gefahren* infolge von Schmuggel und kriminellen Aktivitäten aus dem Bereich der organisierten Kriminalität sind vielfältig. Nach Auskunft der Bundesregierung reichen diese von gesundheitsschädigenden Wirkungen von Rauschgiften, nicht standardisiert hergestellten illegalen Zigaretten oder gefälschten Arzneimitteln bis hin zu mittelbaren negativen Auswirkungen auf das Wirtschaftsgeschehen und auf die Sozialsysteme.[7] In einer kleinen Anfrage an die Bundesregierung vom November 2015 gehen die Fragesteller davon aus, dass gerade vollständig gefälschte Zigarettenpackungen ein erhebliches Gesundheitsrisiko in sich tragen. Sie enthielten oft auch gefährliche Fremdstoffe wie Rattenkot oder Metallsplitter. Der Zigarettenschmuggel trage außerdem zusätzlich zur Finanzierung von Terror und organisierter Kriminalität bei.[8]

Auch auf internationaler Ebene werden die Auswirkungen der von gefälschten Waren ausgehenden Gefahren und deren Folgen für die Gesellschaft als beträchtlich

---

[6] Vgl. BT-Drs. 16/8515, S. 2.
[7] So BT-Drs. 16/8515, S. 2.
[8] Vgl. BT-Drs. 18/7005, S. 1; vgl. die Antwort BT-Drs. 18/7298.

4.2 Was „macht" die OK?

angesehen. Sie betreffen die öffentliche Gesundheit, die Produktsicherheit, ökologische Folgen und nicht zuletzt auch das erhöhte Korruptionsrisiko.[9]

Schätzungen zufolge erwirtschaftet die OK in *Europa* Umsätze aus kriminellen Geschäften in einer Größenordnung von etwa 100 Milliarden Euro.[10] Weltweit schätzt die UNODC die Gewinne allein aus gefälschten Produkten auf 250 Milliarden Dollar pro Jahr und dabei sind die Gewinne aus Raubkopien nicht enthalten.[11] Die Einnahmen aus diesen Geschäften investiert die organisierte Kriminalität dann zum Teil in die legale Wirtschaft, wodurch die Erträge gewaschen werden. Bars und Restaurants, Bau, Groß- und Einzelhandel (insbesondere von Lebensmitteln und Kleidung), Transport, Hotels und Immobilien sind traditionelle Bereiche der Infiltration.[12] Es gibt außerdem Anzeichen für den Einfluss von OK auf erneuerbare Energien, Abfall sowie die Schrott- und Logistikbranche.[13]

Die Beteiligung der OK an der Produktion und dem Vertrieb von gefälschten Waren wurde von verschiedenen nationalen und internationalen Institutionen dokumentiert. Organisationen wie die Mafia und Camorra in Europa und Amerika und die Triaden und Yakuza in Asien sind sowohl am illegalen Handel mit gefälschten Waren beteiligt als auch gleichzeitig in Drogen- und Menschenhandel, Erpressung und Geldwäsche involviert.[14] In Deutschland waren 30,5 % der im OK-Lagebild 2014 erfassten OK-Gruppierungen deliktsübergreifend tätig.[15] Von Bedeutung ist

---

[9] UNODC, Focus on illicit trafficking of counterfeit goods and transnational organized crime, 2014 (Fn. 2), S. 2.

[10] *Savona/Riccardi* (Hrsg.), From illegal markets to legitimate businesses: The portfolio of organised crime in Europe, Final report of project OCP, 2015, S. 7; vgl. a. die im Zusammenhang mit der Geldwäsche von der UNOCD u. a. für Europa erhobenen Zahlen: UNODC, Estimating illicit financial flows resulting from Drug trafficking and other transnational organized crimes, Research Report, Wien 2011, S. 33 (https://www.unodc.org/documents/data-and-analysis/Studies/Illicit_financial_flows_2011_web.pdf. Zugegriffen am 01.02.2016).

[11] UNODC, Focus on illicit trafficking of counterfeit goods and transnational crime, 2014 (Fn. 2), S. 2.

[12] Vgl. UNODC, Estimating illicit financial flows (Fn. 10), S. 111; vgl. a. *Savona/Riccardi* (Fn. 10), S. 7.

[13] Europol SOCTA 2013, S. 13, 26, 30 (https://www.europol.europa.eu/content/eu-serious-and-organised-crime-threat-assessment-socta. Zugegriffen am 31.01.2016); vgl. a. *Savona/Riccardi* (Fn. 10), S. 7.

[14] Vgl. OECD, The Economic Impact of Counterfeiting and Piracy: Executive Summary, 2007, S. 15 (http://www.oecd.org/sti/38707619.pdf. Zugegriffen am 31.01.2016); UNICRI, Illicit trafficking of counterfeit goods, a Global Spread, a Global Threat, 2011, S. 78 ff. (http://www.unicri.it/topics/counterfeiting/organized_crime/reports/CTF_2011_Unedited_Edition_Final.pdf. Zugegriffen am 31.01.2016); UNICRI/Ministero dello Sviluppo Economico (Italy), La Contraffazione come attività gestita dalla criminalità organizzata transnazionale: Il caso Italiano, 2012, S. 184 (http://www.unicri.it/in_focus/files/contraf_unicr2.pdf. Zugegriffen am 31.01.2016); UNODC, Transnational Organized Crime in East Asia and the Pacific: A Threat Assessment, 2013, S. 127 (https://www.unodc.org/documents/data-and-analysis/Studies/TOCTA_EAP_web.pdf. Zugegriffen am 31.01.2016). Zum Zusammenhang zur Geldwäsche im UK vgl. auch UK IP Crime Group, IP Crime: Annual Report 2011–2012, 2012, S. 70 (http://webarchive.nationalarchives.gov.uk/20140603093549/http://www.ipo.gov.uk/ipcreport11.pdf. Zugegriffen am 31.01.2016).

[15] Bundeslagebild OK 2014, S. 7 und 23.

dabei, dass deliktsübergreifend agierende Gruppierungen ein durchschnittlich höheres OK-Potenzial als deliktsspezifisch tätige Gruppen aufweisen (47,5 gegenüber 38,8 Pkt.)[16] Auch in Großbritannien sind OK-Gruppierungen bekannt, die deliktsübergreifend (Tabak, Feuerwaffen und Arzneimittel) und international agieren.[17]

Von nicht zu unterschätzender Bedeutung ist der illegale Handel von gefälschten Produkten über das Internet. Zwar kann auch die UNODC das Ausmaß dieses Marktes und die Beteiligung der OK daran noch nicht bestimmen,[18] aber Fälle in Großbritannien,[19] Österreich[20] und in Deutschland[21] zum illegalen Online-Arzneimittelhandel bestätigen einerseits die hohen Gewinnmöglichkeiten und andererseits das hohe OK-Potenzial.[22] Das Internet wird aber nicht nur als Vertriebsweg genutzt, sondern auch zur Marktbeobachtung, Routenplanung oder Tatbegehung.[23]

In der Vergangenheit wurde das wohl größte Augenmerk auf den Drogenmarkt gerichtet. Deshalb verwundert es auch nicht, wenn aus deutscher Sicht der Rauschgifthandel/-schmuggel unter den als OK erfassten Fällen mit 32,9 % im Jahr 2014 die Spitzenposition unter allen Hauptaktivitätsfeldern der OK einnahm.[24] Auch in Großbritannien ist man bei der Verfolgung der OK stark auf den Drogenhandel ausgerichtet.[25] Betrachtet man die europäischen Entwicklungen und fokussiert auf das, was OK will – Profit –, so wird deutlich, dass mit einer zu starken Betonung des Zusammenhangs zwischen Rauschgifthandel/-schmuggel und OK andere weit profitablere OK-Tätigkeiten aus dem Blick verloren werden.

Der Drogenmarkt bleibt zwar trotz rückläufiger Zahlen im EU-Raum immer noch sehr attraktiv für die OK. Ca. 28 Milliarden Euro werden mit dem Verkauf illegaler Drogen (Heroin, Kokain, Cannabis, Amphetamine und Ecstasy) jährlich auf EU-Ebene eingenommen.[26] Der Umsatzsteuerbetrug beruhend auf Umsatzsteuerkarussellen hat

---

[16] Bundeslagebild OK 2014, S. 23.

[17] *Edwards/Jeffray*, RUSI Whitehall Report 3–14, On Tap. Organised Crime and the Illicit Trade in Tobacco, Alcohol and Pharmaceuticals in the UK, 2014, S. IX.

[18] UNODC, Focus on illicit trafficking of counterfeit goods and transnational organized crime, 2014 (Fn. 2), S. 3.

[19] Vgl. dazu den Ermittlungskomplex „Vigorali" (s. u. 6.2.2.1.4); vgl. a. http://www.veko-online. de/recht/77-archiv-ausgabe-6-14/444-polizei-operation-vigorali.html. Zugegriffen am 10.01.2015.

[20] Vgl. dazu den Ermittlungskomplex „Vigorali" (s. u. 6.2.2.1.4); vgl. a. http://www.veko-online. de/recht/77-archiv-ausgabe-6-14/444-polizei-operation-vigorali.html. Zugegriffen am 10.01.2015.

[21] LG Potsdam 25 KLs 8/14 v. 19.5.2015 (unveröffentlicht/nicht rechtskräftig).

[22] Vgl. a. *Edwards/Jeffray* (Fn. 17), S. XIII.; vgl. a. *Schönbohm*, APuZ 2013, S. 28 ff. (32).

[23] *Edwards/Jeffray* (Fn. 17), S. 69 f.; vgl. a. Cross border Organised Crime Assessment 2014, S. 6 (http://www.octf.gov.uk/Publications/SARS-information-(1)/Cross-Border-Organised-Crime-Assessment-2014. Zugegriffen am 05.02.2016).

[24] Bundeslagebild OK 2014, S. 7.

[25] *Edwards/Jeffray* (Fn. 17), S. 1.

[26] *Savona/Riccardi* (Fn. 10), S. 7; nach Angaben im EU Drug Markets Report aus dem Jahr 2013, der vom European Monitoring Centre for Drugs und Drug Addiction sowie Europol erstellt wird, ist allein bei Cannabis von einem Straßenverkaufswert zwischen 18 und 30 Milliarden Euro/Jahr auszugehen, S. 134 (http://www.emcdda.europa.eu/system/files/publications/741/TD3112366ENC_406102.pdf. Zugegriffen am 01.02.2016).

4.2 Was „macht" die OK?

aber mit 29 Milliarden Euro das Niveau der Drogengewinne bereits überschritten.[27] Die Gewinne aus gefälschten Produkten übersteigen mit 42,7 Milliarden Euro/Jahr[28] sogar sehr deutlich die erwirtschafteten Gewinne aus Drogengeschäften. Der illegale Handel mit Tabakprodukten hat Gewinne von 9,2 Milliarden Euro/Jahr erbracht.[29] Allein in Deutschland liegen die Gewinne aus dem illegalen Tabakhandel zwischen 1,5 und 2 Milliarden Euro pro Jahr. Deutschland steht damit hinter Frankreich an zweiter Position im EU-Vergleich.[30] Daran wird deutlich, dass der Drogenmarkt nicht mehr allein das OK-dominante Betätigungsfeld ist. Es wird sichtbar, dass OK, eben weil sie auf der Suche nach profitablen illegalen Einkommensquellen ist, sich andere Märkte erschließt, die weniger kontrolliert sind, ein niedrigeres Entdeckungsrisiko haben und die Strafen und der Verfolgungsdruck geringer sind.[31] Die Gewinnspannen beim Handel mit gefälschten Potenzmitteln liegen weit über denen von Kokain, bei weitaus geringerem Strafbarkeits-, Entdeckungs- und Verfolgungsrisiko.[32] Der Markt ist groß und das Produkt begehrt, ohne dass es per se verboten wäre. Der Absatz kann einfach online organisiert werden. Gefälschte Arzneimittel wie auch Zigaretten sind das neue Kokain.[33] Gleiches gilt für viele andere an sich legale Produkte wie Alkohol oder Kleidung. Dabei ist das durchschnittliche OK-Potenzial, wie das Bundeslagebild beweist, bei Rauschgifthandel/-schmuggel (2014: 44, 1 Pkt.) identisch mit dem bei den Steuer- und Zolldelikten (2014: 44, 1 Pkt.).[34] Die offensichtlichen Anreize und die große Profitspanne im Bereich des illegalen Handels gehen mit niedrigen Risiken für die Schmuggler in der EU einher. In bestimmten Nachbarländern der EU wird bspw. der Zigarettenschmuggel seit kurzer Zeit nicht mehr unter Strafe gestellt, was die Europäische Kommission mit Besorgnis festgestellt hat.[35] Innerhalb der EU ist das Strafmaß für den Handel mit bspw. gefälschten Arzneimitteln oder den Zigarettenschmuggel sehr unterschiedlich. Die Sanktionssysteme divergieren stark.[36]

---

[27] *Savona/Riccardi* (Fn. 10), S. 7; *Borselli*, Organised VAT fraud: Bank of Italy Paper, No. 106, 2011, S. 1 ff. mit Schätzungen zwischen 20 und 35 Milliarden Euro. Vgl. a. *Sergiou*, Journal of Accounting and Management 2012, S. 9.

[28] *Savona/Riccardi* (Fn. 10), S. 9.

[29] *Savona/Riccardi* (Fn. 10), S. 9; vgl. a. Eurojust News, No. 11 2014, S. 2 (http://www.eurojust.europa.eu/doclibrary/corporate/newsletter/eurojust%20news%20issue%2011%20(march%202014)%20on%20mtic%20fraud/eurojustnews_issue11_2014-03-en.pdf. Zugegriffen am 01.02.2016); vgl. auch BMG, Protokoll zur Unterbindung des illegalen Handels mit Tabakerzeugnissen, S. 2 (http://www.bundesgesundheitsministerium.de/fileadmin/dateien/Downloads/T/tabakschmuggelprotokoll/FAQs_Tabakschmuggel_130712.pdf. Zugegriffen am 01.02.2016).

[30] *Savona/Riccardi* (Fn. 10), S. 66.

[31] Vgl. a. *Edwards/Jeffray* (Fn. 17), S. 69.

[32] Vgl. dazu demnächst *Sinn*, Risiken und Nebenwirkungen durch Arzneimittelkriminalität, in: Zoche (Hrsg.), Zivile Sicherheit. Schriften zum Fachdialog Sicherheitsforschung, Berlin 2016.

[33] Vgl. im Kontext des Zigarettenschmuggels der IRA a. *Meijer*, Financing Terrorism one Cigarette at a time? – OpEd: http://www.eurasiareview.com/20112015-financing-terrorism-one-cigarette-at-a-time-oped/. Zugegriffen am 09.01.2016.

[34] Bundeslagebild OK 2014, S. 22.

[35] Mitteilung der Kommission COM (2013), 324 final v. 6.6.2013, S. 16 Fn. 37.

[36] Mitteilung der Kommission COM (2013), 324 final v. 6.6.2013, S. 16.

Kapitel 5
Zukunft der OK

Ein aktueller Bericht von Europol[1] wagt einen Blick in die Zukunft der schweren und organisierten Kriminalität. Er ist mehr als nur der Versuch, die Zukunft in einer Glaskugel vorherzusagen. Vielmehr beruht er auf Fakten, die Experten des privaten und öffentlichen Sektors, der Wissenschaft und der Partner Europols zusammengetragen haben. Es ging darum, die identifizierten Faktoren für die Bewertung der zukünftigen Kriminalitätsentwicklung zu nutzen und Prognosen zu erstellen. Damit wird ein *proaktiver* Ansatz verfolgt und der Kritik begegnet, dass die europäische Kriminalpolitik nur reagiere und die gegenwärtigen Entwicklungen zu wenig für zukünftige Szenarien nutze. Zu diesen Entwicklungen gehört beispielsweise, dass schwere Wirtschaftskriminalität Züge organisierter Kriminalität trägt. Zu den in der Studie angesprochenen Risikofaktoren gehören neue Technologien, Veränderungen in der Wirtschaft und in der Gesellschaft. Der Bericht erhebt nicht den Anspruch, definitive Vorhersagen machen zu können oder ein vollständiges Bild der zukünftigen Kriminalität zu zeichnen. Vielmehr zielt er darauf ab, plausible Entwicklungen zu skizzieren und die Strafverfolgungsbehörden auf die möglichen Entwicklungen der schweren und organisierten Kriminalität aufmerksam zu machen. Die Strafverfolgungsbehörden müssen im Rahmen ihrer Reaktionen stets die Balance zwischen Sicherheit und Freiheit wahren und genauso wie die kriminellen Vereinigungen flexibel und dynamisch arbeiten.

5.1 Schlüsselfaktoren

Der Bericht zeigt diverse Schlüsselfaktoren auf, die die Entwicklung der organisierten Kriminalität maßgeblich beeinflussen werden.

Neuste Innovationen im Bereich von Transport und Logistik ermöglichen den kriminell organisierten Gruppen (OCGs) die anonyme Begehung von Straftaten mit

---
[1]Vgl. Europol, Exploring Tomorrow's Organised Crime, S. 9 ff. (www.europol.europa.eu/content/exploring-tomorrow's-organised-crime. Zugegriffen am 09.01.2016).

Hilfe des Internets jederzeit, überall und ohne physische Anwesenheit. Die Verwendung neuer Navigations-Apps mit Daten der Nutzer in Echtzeit ermöglicht den OCGs die Bestimmung der effizientesten Routen sowie eine Vermeidung der Strafverfolgung. Die Anwendung von Gewalt wird immer mehr an Bedeutung verlieren, da es mehr und mehr um die Infiltration von Steuerungssystemen mit neuen Informationstechnologien gehen wird. Nanotechnology und Robotik werden neue Märkte auch für die OK erschließen und ihr neue Werkzeuge liefern. Nanotechnology kann zur Entwicklung und Veränderung psychoaktiver Substanzen verwendet werden sowie für die Fälschung von Geräten oder Drogen. Die zunehmende Nutzung von „Big Data" und persönlichen Daten werden die OCGs in die Lage versetzen, die komplexen Formen des Identitätsbetruges auf eine neue Ebene zu bringen, und das nicht nur im Bereich der kontaktlosen Bezahlung mit Hilfe von Kredit- oder anderen Zahlungskarten. Persönliche und biometrische Daten als solche können für Unternehmen sehr nützlich sein, so dass ein illegaler Handel mit diesen Daten ein lukratives Geschäft darstellen wird. Der Einsatz virtueller Währungen wird es ermöglichen, Geldwäsche als eine Art Serviceleistung anzubieten, ohne die Notwendigkeit der Nutzung krimineller Infrastrukturen. In traditionellen Bereichen wie Drogen- oder Waffenhandel werden Transaktionen mit virtuellen Währungen die ursprünglichen Zahlungsarten und -wege ablösen. Der illegale Handel mit elektronischem Abfall wird ansteigen. Aufgrund der voranschreitenden Technisierung und wachsenden Nachfrage nach Elektrogeräten aller Art wird die Menge an Elektronikschrott in den nächsten zehn Jahren erheblich anwachsen. Verbaute Edelmetalle wie Gold, Silber, Nickel und Palladium machen E-Abfälle zu einem wertvollen Gut, das auf den globalen Märkten ebenso gehandelt werden wird wie Drogen, Waffen oder gefährdete Arten. Der Kampf um natürliche Ressourcen (Öl, Gas, Wasser, Nahrungsmittel) und der Handel damit dürfen als Einflussfaktor nicht unterschätzt werden. Mit einem deutlichen Bevölkerungswachstum und einem steigenden Pro-Kopf-Verbrauch von Energie, Lebensmitteln und anderen Waren wird sich in jedem Land der Welt auf unterschiedliche Weise die Knappheit der natürlichen Ressourcen zeigen. Die OCGs werden sich dies auf unterschiedliche Weise zu Nutze machen. Potentiell bedroht sind beispielsweise globale Unternehmen, die bestimmte Marktbereiche durch Monopole oder Oligopole dominieren. Eine Infiltration durch OCGs ist hier sehr wahrscheinlich. Zusätzlich führt die wirtschaftliche Ungleichheit in ganz Europa zu mehr sozialer Akzeptanz gegenüber dem organisierten Verbrechen. Die OCGs werden wirtschaftlich geschwächte Gemeinden infiltrieren und sich als Anbieter von Arbeit und Dienstleistungen darstellen. Armut und sinkender Wohlstand werden auch in der EU zu einem Anstieg von illegaler Einwanderung und Menschenhandel führen. Eine noch stärkere Ausbeutung von Arbeitskraft ist vorprogrammiert.

Letztlich wird, wie schon erwähnt, der demografische Wandel neue Märkte und Chancen für den illegalen Handel mit Gütern und Dienstleistungen für OCGs eröffnen. Weltweit leben die Menschen deutlich länger als in früheren Jahrzehnten. Die Lebenserwartung ist von durchschnittlich 48 Jahren (1950–1955) auf 68 Jahre (2005–2010) angestiegen. Bis zum Jahr 2050 wird die Lebenserwartung laut den VN auf 76 Jahre Durchschnittsalter ansteigen. Solch eine radikale Veränderung der demografischen Zusammensetzung wird einen erheblichen Einfluss auf Wirtschaft, Gesellschaft und Politik haben und natürlich auch auf kriminelle Aktivitäten. Aufgrund einer größeren Opfergruppe wird der Betrug gegenüber älteren Menschen erheblich ansteigen. Genauso wird aber auch ein Anstieg der Betrugshandlungen gegenüber Altersversorgungs- und Sozialleistungssystemen zu verzeichnen sein. Daneben steigt die potenzielle Abnehmergruppe für bestimmte illegale Waren (Medikamente und medizinische Produkte) und Serviceleistungen (Alten- und Krankenpflege).

5.2 Entwicklung der Kriminalitätsbereiche

Die „OK-Landschaft" Europas wird zunehmend dominiert von losen, undefinierten und flexiblen Netzwerken, ins Leben gerufen von einzelnen kriminellen Unternehmern. Die „Kriminellen" arbeiten häufig auch auf freiberuflicher Basis, ohne Teil eines größeren Netzwerkes oder einer Gruppe zu sein. Die Entwicklungen in den einzelnen kriminellen Bereichen sind sehr unterschiedlich. Europol überwacht diese Entwicklungen und berichtet regelmäßig darüber (sh. SOCTA). Aktuell lassen sich die kriminellen Märkte in drei Kategorien einteilen:

- dynamische oder wachsende kriminelle Märkte
- stabile kriminelle Märkte
- rückläufige kriminelle Märkte

5.2.1 Dynamische Märkte

Die wachsenden und dynamischen Märkte müssen nicht zwangsläufig die größten sein. Die Nutzung neuer Technologien und die Entwicklung neuer Substanzen erfordern neue Vorgehensweisen der Strafverfolgungsbehörden. Besonders beachtenswert sind in diesem Zusammenhang synthetische Drogen und neue psychoaktive Substanzen (NPS). Werden bestimmte Substanzen verboten, greifen die OCGs auf Alternativstoffe zurück, so dass eine ewige Dynamik zwischen krimineller Innovation und Strafverfolgung besteht. Gerade bei den NPS bewegt man sich sowohl bei der Produktion als auch was den Handel angeht in legalen Grauzonen. Zudem ist die gesellschaftliche Akzeptanz von NPS derzeit relativ hoch, und die Möglichkeit der anonymen Bestellung über Online-Shops vermindert die Hürden der Beschaffung für den Einzelnen erheblich. Daneben gilt es die Fälschung von Waren und deren Handel und Transport vor dem Hintergrund der Nutzung von 3D-Druckern und der ständig steigenden Nachfrage nach Medikamenten im Auge zu behalten

5.2.2 Stabile Märkte

Neben den neuen, dynamischen Kriminalitätsbereichen bleiben die „altbewährten" stabilen Bereiche wie der Handel mit Cannabis, organisierte Eigentumsdelikte sowie illegale Migration und Menschenhandel beachtenswert. Die Bedrohung bleibt bestehen und bildet den größten prozentualen Anteil der schweren und organisierten Kriminalität in der EU, jetzt und in Zukunft.

5.2.3 Rückläufige kriminelle Märkte

Gleichzeitig stellt sich die Frage, ob nicht bestimmte Kriminalitätsbereiche aufgrund neuster digitaler technischer Entwicklungen in den Hintergrund rücken werden. Man könnte beispielsweise annehmen, dass die Fälschung von Banknoten im Zeitalter des elektronischen Zahlungsverkehrs und virtueller Währungen eine immer geringere Rolle spielen wird. Allerdings ist und bleibt Bargeld ein stabiles, anonymes Zahlungsmittel, das gerade in Krisengebieten, nach Naturkatastrophen oder in Situationen, die infrastrukturell keine Online-Überweisung zulassen, alternativlos ist. Kriminelle werden daher weiterhin Banknoten fälschen und das „Darknet" wird als wesentlicher Vermittler für Rohstoffe fungieren.

Die NPS, die die Wirkung traditioneller Drogen wie Heroin und Kokain nachahmen, werden den Anteil dieser Drogen am europäischen Drogenmarkt reduzieren. Allerdings erzeugt der Kokainhandel riesige Gewinne für die beteiligten OCGs und wird dies auch in Zukunft tun. Genetische Manipulationen werden den Ertrag der Pflanzen erhöhen und der Ausbau des Panamakanals schafft eine weitere Transportmöglichkeit für Drogen aus Mittel- und Südamerika.

Kapitel 6
Verfolgungsstrategien und Best Practices gegen OK

6.1 Im Allgemeinen

Die OK effektiv zu verfolgen setzt zunächst voraus, die OK zu kennen und als das zu beschreiben und rechtlich zu erfassen, was sie ist. Die Gesichter der OK sind vielfältig und nicht immer leicht zu erkennen. Die Gesichtszüge verschwimmen oder haben sich im Laufe der letzten 30 Jahre verändert. Um die OK nicht aus den Augen zu verlieren, können aber zwei ineinandergreifende rechtlich-strategische Modelle miteinander kombiniert werden. Zum einen ein Modell des tätigkeitsbezogenen Zugriffs auf das Problem OK. Das bedeutet, die OK über die kriminellen Tätigkeiten zu erfassen und zu verfolgen. Das zweite Modell folgt dem organisatorischen Ansatz, was mit der Erfassung „krimineller Organisationen/Vereinigungen" als gefährliche Gruppierungen einhergeht. Auf der einen Seite werden so die Tätigkeiten verfolgt, auf der anderen Seite das Gefährdungspotenzial erfasst. Außerdem wird durch die Kombination der beiden Verfolgungsansätze das Phänomen hybrider Gruppierungen besser abgebildet als bisher. Strategischer Ausgangspunkt für eine effektive Verfolgung der OK sind die immer noch geltenden Merkmale der OK, die durch neue auffällig gewordene Trendmerkmale ergänzt werden. Spiegelt man diese Merkmale und wendet sie auf das Ziel der Verfolgung von OK an, so ergeben sich daraus wertvolle Schlussfolgerungen, denn jedem der Merkmale lässt sich eine entsprechende Verfolgungsstrategie mit präventiven Elementen[1] entgegensetzen (Abb. 6.1).

Wesentliche Merkmale der „Organisierten Kriminalität 3.0" sind: Profitorientierung, Machtstreben (inkl. der Anwendung von Zwang), Organisation/Netzwerk, arbeitsteiliges Zusammenwirken der beteiligten Personen, die Nutzung ökonomischer Strukturen und Konzepte (Crime-as-a-Service), hohes Maß an Flexibilität und dem Vermögen, sich dem Markt anzupassen, Tatbegehung mit Bezügen auch zu anderen Ländern (Internationalisierung), die Nutzung des Internets sowie die zu beobachtende Hybridisierung von einigen terroristischen Gruppierungen.

---
[1]Vgl. zu diesem Ansatz auch die niederländische Initiative, vgl. Dok. 13460/2/09 REV 2 v. 25.2.2010.

Aktion OK	Reaktion Gesellschaft
Profit	Entzug der illegal erlangten Vermögenswerte
Macht	Ressourcenkontrolle der Machtquellen
Organisation	Spezialisierung der Strafverfolgung
Arbeitsteilung/ Netzwerk	Vernetzung der Strafverfolgungsorgane sowie mit Akteuren in der Wirtschaft, Wissenschaft und Politik, Aufklärung und Information über die Folgen der OK
Ökonomische Strukturen	Compliance
Flexibilität	Flexibler Ressourceneinsatz
Hybridisierung	Auflösung von statischen Verfolgungseinheiten
Internationalisierung	Internationale Zusammenarbeit, Datenaustausch, Rechtshilfe, Ausbildung
Internet	Nutzung zur Datensammlung, -analyse und Beweisführung

Abb. 6.1 OK-Verfolgungsstrategie

6.2 Im Besonderen

6.2.1 Ausbau nationaler Kooperationen zur OK-Verfolgung

Bei der Verhütung und Verfolgung von Straftaten arbeiten die Polizeien von Bund und Ländern eng zusammen. Die „Ständige Konferenz der Innenminister und -senatoren der Länder (IMK)" ist das zentrale bundesweite Koordinierungsgremium im Bereich der inneren Sicherheit. Zu den Aufgaben der IMK gehört es, sicherheitsrelevante Fragen zu erörtern und Lösungsvorschläge zu erarbeiten. Wesentliches Element in der polizeilichen Zusammenarbeit sind der gegenseitige Informationsaustausch sowie eine gemeinsame Informationssammlung und -auswertung. Eine Plattform dafür bietet das polizeiliche Informationssystem INPOL an. In diesem System werden die Angaben zu Personen, Sachen und Kriminalfällen gespeichert, und es spielt eine wichtige Rolle im Fahndungsverbund der deutschen Polizeien. Zugriff auf das System haben neben dem Bundeskriminalamt die Landespolizeidienststellen, die Bundespolizei und die Zollbehörden.

In bestimmten Kriminalitätsbereichen wurden nationale Zentren als sog. Kooperationsplattformen eingerichtet. Diese dienen dem unmittelbaren und engen Informationsaustausch der Sicherheitsbehörden von Bund und Ländern. Im Einzelnen sind dies:

- *Gemeinsames Terrorismusabwehrzentrum* (GTAZ) mit einer Zuständigkeit in Sachen religiös motiviertem/islamistischem Extremismus/Terrorismus
- *Gemeinsames Internetzentrum* (GIZ) mit einer Zuständigkeit für die Auswertung des Internets im Phänomenbereich des islamistischen Terrorismus

- *Gemeinsames Extremismus- und Terrorismusabwehrzentrum* (GETZ) einschl. der koordinierten Internetauswertung (KIA), das zuständig für die Bereiche Rechtsextremismus/-terrorismus, Linksextremismus/-terrorismus, Ausländerextremismus/-terrorismus sowie Spionage/Proliferation ist. Die KIA übernimmt dabei die Auswertung des Internets in diesen Phänomenbereichen
- *Gemeinsames Analyse- und Strategiezentrum Illegale Migration* (GASIM)

Darüber hinaus wurden zwischen Bund und den Ländern zahlreiche Sicherheitskooperationen geschlossen, die ein enges Zusammenwirken fördern sollen. In vielen Ländern arbeiten Bundes- und Landespolizei auf dem Gebiet der Schleusungskriminalität in gemeinsamen Ermittlungsgruppen zusammen. Ebenso bestehen zur Bekämpfung der Rauschgiftkriminalität in vielen Ländern Koopera- tionen mit dem Zoll.[2]

Die nationale Zusammenarbeit zwischen den Polizeibehörden erfolgt entsprechend den o. g. Kooperationsformen auf einer festen Grundlage. Allerdings ließen sich diese noch ergänzen, denn auffällig ist, dass die genannten Plattformen im Wesentlichen der Vernetzung im Bereich „Terrorismus" dienen. Aber auch in diesem Bereich ist nicht ganz klar, warum mit dem GTAZ und dem GETZ verschiedene Plattformen mit unterschiedlichen Beteiligten[3] geschaffen wurden. Kooperationen zwischen dem Zoll und der Polizei bestehen außerhalb der Zentren nur für den Bereich der Rauschgiftkriminalität. Wie gesehen hat die OK aber viele Gesichter, und auch wenn der illegale Drogenhandel immer noch lukrativ ist, so ist doch nicht zu übersehen, dass der Wechsel in andere Märkte noch größere Gewinne bei niedrigerem Risiko verspricht. Aus den Erfahrungen der bereits bestehenden Kooperationsformen sollten deshalb die richtigen Schlüsse gezogen und für den institutionalisierten Informationsaustausch zwischen den Polizeien und dem Zoll geeignete Plattformen aufgebaut werden. Auch die Staatsanwaltschaften müssen in diese Netzwerke eingebunden werden. Bei jeder Staatsanwaltschaft soll bisher nach Maßgabe von Nr. 3.2.1 der Gemeinsamen Richtlinien der Justizminister/-senatoren und der Innenminister/-senatoren der Länder über die Zusammenarbeit bei der Verfolgung der organisierten Kriminalität[4] ein Abteilungsleiter oder Staatsanwalt bestellt werden, der die Aufgabe hat, in ständiger und enger Zusammenarbeit mit den zuständigen Kriminalpolizeidienststellen die Entwicklung der organisierten Kriminalität zu beobachten, zu analysieren und Maßnahmen der Strafverfolgungsbehörden zu planen und zu koordinieren (Ansprechpartner/OK-Beauftragter). Die Generalstaatsanwaltschaften sind außerdem dazu verpflichtet (Nr. 3.2.3), die verfahrensübergreifenden Aufgaben des Ansprechpartners/OK-Beauftragten für den Bezirk des Generalstaatsanwalts einem Koordinator zu übertragen. Dieser soll bspw. gewährleisten, dass Verfahren zeitgerecht zusammengeführt und in Form von

---

[2]Vgl. MEPA Handbuch 2015, S. DE-13 (http://www.mepa.net/Deutsch/publikationen/PublikationsDokumente/MEPA-Buch%202015.pdf. Zugegriffen am 31.01.2016).
[3]Im GTAZ wirken Europol und das Bundesamt für Wirtschaft und Ausfuhrkontrolle (BAfA) nicht mit.
[4]Abgedruckt bei *Meyer-Goßner/Schmitt*, StPO, Anhang 12 RiStBV Anlage E. Vgl. dort a. die Nw. zu den Erlassen in den Ländern.

Sammelverfahren bearbeitet werden. Zu den Aufgaben gehört ferner, den Informationsaustausch auf überörtlicher Ebene zwischen Staatsanwaltschaft und Polizei sowie mit dem Zoll- und dem Steuerfahndungsdienst, den Finanz- und Zollbehörden, den Ordnungs- und Sonderordnungsbehörden und den Dienststellen der Arbeitsverwaltung vorzubereiten und durchzuführen.[5]

6.2.2 Strategien internationalisieren – Agenturen vernetzen

Die meisten die OK betreffenden Risiken und Bedrohungen haben eine transnationale Dimension. Deshalb muss die Politik der inneren nationalen Sicherheit mehr und mehr international ausgerichtet sein. Die Verträge zur EU geben hinreichende Handlungsbefugnisse für Harmonisierungsmaßnahmen der nationalen Rechte, den Ausbau und die Einrichtung von Agenturen und darüber hinaus auch zur Schaffung supranationalen EU-Strafrechts in einzelnen auch die OK betreffenden Tätigkeitsfeldern. Ohne internationale Zusammenarbeit, den Datenaustausch, gemeinsame Schulungen, Vermittlung von Sprachkompetenzen sowie den Austausch von Best Practices[6] ist OK-Verfolgung heute nicht mehr zeitgemäß. „Die bilaterale, regionale, europäische und internationale Zusammenarbeit ist daher ein wesentlicher Bestandteil der Politik der inneren Sicherheit."[7]

Die wichtigsten europäischen Agenturen im Zusammenhang mit der OK-Verfolgung sind Europol, OLAF, Eurojust und Frontex. Mit der Einrichtung eines Europäischen Zentrums zur Bekämpfung der Migrantenschleusung (European Migrant Smuggling Centre – EMSC) bei Europol und der Schaffung weiterer 30 Planstellen, die zur Zerschlagung von Schleppernetzen eingesetzt werden sollen, tritt demnächst eine weitere wichtige Einrichtung hinzu.[8]

Europol nahm seine Arbeit im Jahr 1999 auf und ist verantwortlich für die Koordinierung der grenzüberschreitenden Anstrengungen gegen das organisierte Verbrechen. Im gleichen Jahr begann auch OLAF, das Europäische Amt für Betrugsbekämpfung, mit seiner Arbeit zum Schutz der finanziellen Interessen der Europäischen Union. Eurojust existiert seit 2002 und koordiniert grenzüberschreitende strafrechtliche Verfahren. Frontex wurde im Jahr 2004 eingerichtet, was der Verbesserung des integrierten Schutzes der Außengrenzen der EU-Mitgliedstaaten

---

[5] Antwort der Landesregierung NRW v. 1.4.2015 Drs. 16/8338, 1 ff. (20).
[6] Vgl. hierzu den Abschlussbericht des Europarates: Combating organised crime – Best-practice surveys of the Council of Europe, 2004. In diesem Bericht werden die Ergebnisse einer Untersuchung zu bewährten Praktiken, die in den Jahren 2008–2003 in verschiedenen Ländern erhoben wurden bezüglich Zeugenschutz, der Überwachung der Kommunikation, der Einziehung von Erträgen aus Straftaten, der Kriminalitätsanalyse und der Mitgliedschaft in einer organisierten kriminellen Gruppe und zur Prävention und Kooperation gegen den Menschenhandel, vorgestellt.
[7] Sicherheitsbericht Österreich 2014, S. 59 (http://www.bmi.gv.at/cms/BMI_Service/SIB_2014/Sicherheitsbericht_2014_BMI.pdf. Zugegriffen am 31.01.2016).
[8] Vgl. Ratsdok. 12502/15 v. 1.10.2015 mit Anlage COM (2015) 485 final v. 30.9.2015.

dienen soll. Diese Agenturen leisten professionelle Unterstützung, Know-how und Hilfe bei gemeinsamen grenzüberschreitenden Aktionen. Alle oben genannten Agenturen eignen sich sehr gut als unabhängige Einheiten, allerdings sind sie nicht ausreichend miteinander verbunden. Auf EU-Ebene existiert kein gemeinsames Gremium, um strategisch und sicherheitspolitisch sowie rechtlich die Anstrengungen gegen OK aufeinander abzustimmen. Eine vernetzte Strategie, die sich auch in einem miteinander vernetzten institutionalisierten Informationsaustausch niederschlägt, ist geboten.

6.2.2.1 Internationale polizeiliche Zusammenarbeit

6.2.2.1.1 Polizeilicher/Justizieller Informationsaustausch

Im Zentrum der unionsweiten polizeilichen Zusammenarbeit steht Europol mit seinen verschiedenen Möglichkeiten des Informationsaustausches.

Bewährt hat sich der polizeiliche Informationsaustausch über das bei Europol eingerichtete System SIENA. Das Secure Information Exchange Network Application System (SIENA) ist ein Instrument, das die schnelle, sichere und nutzerfreundliche Kommunikation sowie den Austausch operativer und strategischer kriminalpolizeilicher Informationen und Erkenntnisse zwischen Europol, den Mitgliedstaaten und Dritten (Stand 2014: 34),[9] die über Kooperationsabkommen mit Europol verfügen, ermöglichen soll. Mit 36.702 empfangenen und gesandten Nachrichten lag Deutschland 2014 an erster Stelle der Nutzer von SIENA (Österreich lag mit 14.820 Nachrichten an 9. Stelle).[10] Zukünftig sollen über SIENA auch Telefon- und Videokonferenzen ermöglicht werden.[11]

Ausbaufähig ist das bei Europol eingerichtete Informationssystem (EIS). Es beinhaltet deliktsbezogene Informationen zu polizeilichen Ermittlungen, die mindestens zwei Mitgliedstaaten betreffen sowie unter den Mandatsbereich von Europol fallen. Der durch andere Mitgliedstaaten im EIS erfasste Datenbestand wird als gering eingeschätzt, so dass es bisher nur wenige sogenannte Cross-Border-Treffer, die ein grenzüberschreitendes Handeln dokumentieren, gab.[12] Die mit Stand vom 31.12.2014 von den Mitgliedstaaten und Europol in das EIS eingestellten 236.000 (2013: 245.142) Datenobjekte repräsentieren 39.957 (2013: 39.616) kriminalpolizeiliche Fälle.[13] Der

---

[9]Vgl. Europol Review 2014, S. 32 (https://www.europol.europa.eu/content/europol-review-2014. Zugegriffen am 31.01.2016).
[10]Sicherheitsbericht Österreich 2014 (Fn. 7), S. 62. Im Bericht über die Beteiligung der Länder in polizeilichen Angelegenheiten der Europäischen Union des Innenministeriums Baden-Württemberg v. 2.4.2015, Az.: 3–0123.3A36A, S. 11 wird allerdings von 57.389 Nachrichten ausgegangen.
[11]Vgl. MEPA Handbuch 2015 (Fn. 2), S. AllgT −13.
[12]Vgl. Antwort der Landesregierung NRW v. 1.4.2015 Drs. 16/8338, 1 ff. (17).
[13]Vgl. Bericht über die Beteiligung der Länder in polizeilichen Angelegenheiten der Europäischen Union des Innenministeriums Baden-Württemberg v. 2.4.2015, Az.: 3–0123.3A36A, S. 17.

Anteil der von Deutschland eingestellten Fälle beträgt ca. 15% (2013: ca. 10%). Insgesamt hat Deutschland ca. 6.130 Fälle in das EIS eingestellt. Bis Ende 2014 übermittelten 14 Mitgliedstaaten (auch Deutschland) ihre Daten automatisiert via Dataloader. Deutschland hat 17% der Suchanfragen im EIS aus allen Mitgliedstaaten durchgeführt (Großbritannien 32%, Dänemark 19%, Frankreich 8%). Aktuell bereiten Luxemburg und Bulgarien den Einsatz eines Dataloaders vor.[14]

Mit dem Schengener Informationssystem (SIS) wurde bereits 1995 ein erfolgreiches gemeinsames computergestütztes Abfrage- und Erfassungssystem zur Personen- und Sachfahndung innerhalb der Vertragsstaaten eingerichtet. Nach Angaben der Bundesregierung stellen die Möglichkeiten der Ausschreibungen im SIS „grundsätzlich die wichtigste Informationsquelle zum Detektieren von Reisebewegungen beispielsweise des islamistisch-terroristischen Personenpotenzials im europäischen Ausland dar".[15] Auf dieses System haben die für Kontrollen zuständigen Grenzschutz-, Polizei- und Zollbeamten einen direkten Zugriff. Im Zusammenhang mit der Erteilung von Visa gilt dies auch für die Botschaften und Konsulate, in Zusammenhang mit der Zulassung von Kraftfahrzeugen auch für Zulassungsstellen. Am 9.4.2013 wurde das SIS II[16] mit neuen und modifizierten Fahndungskategorien in Betrieb genommen. Gegenwärtig sind insgesamt rund 47 Millionen Datensätze im SIS II gespeichert, 1,2 Millionen Daten zur Personenfahndung und 45,7 Millionen Daten zur Sachfahndung.[17] Die EU-Agenturen Europol und Eurojust verfügen nur über einen beschränkten Zugang, um bestimmte Anfragen durchzuführen. Die nationalen SIRENE-Büros sind die Bindeglieder zwischen den Dienststellen in den Vertragsstaaten.[18] In diesen werden die SIS-Fahndungen gesteuert, koordiniert und bearbeitet.

Ein weiterer Schritt in Richtung Informationsaustausch ist mit der sog. Prüm-Zusammenarbeit gelungen. Diese Zusammenarbeit beruht auf unterschiedlichen Rechtsgrundlagen.[19] Seit dem 26.8.2008 gilt der Beschluss zu Prüm, mit dem Kernelemente

---

[14] Vgl. Bericht über die Beteiligung der Länder in polizeilichen Angelegenheiten der Europäischen Union des Innenministeriums Baden-Württemberg v. 2.4.2015, Az.: 3–0123.3A36A, S. 17.

[15] BT-Drs. 18/2070, S. 6.

[16] Verordnung (EG) Nr. 1987/2006 des Europäischen Parlaments und des Rates vom 20.12.2006 über die Einrichtung, den Betrieb und die Nutzung des Schengener Informationssystems der zweiten Generation (SIS II); Beschluss 2007/533/JI des Rates vom 12.6.2007 über die Einrichtung, den Betrieb und die Nutzung des Schengener Informationssystems der zweiten Generation (SIS II); Durchführungsbeschluss der Kommission vom 26.2.2013 über das SIRENE-Handbuch und andere Durchführungsbestimmungen für das Schengener Informationssystem der zweiten Generation (SIS II).

[17] Vgl. BKA http://www.bka.de/nn_204268/DE/DasBKA/Aufgaben/InternationaleFunktion/SchengenerAbkommen/SISII/schengenSISII__node.html?__nnn=true. (Zugegriffen am 13.01.2016).

[18] Vgl. die Landesliste im ABl. EU C 278 v. 22.8.2014, S. 145 ff.

[19] *Prümer Vertrag*: Vertrag über die Vertiefung der grenzüberschreitenden Zusammenarbeit, insbesondere zur Bekämpfung des Terrorismus, der grenzüberschreitenden Kriminalität und der illegalen Migration, BGBl. II 2006 Nr. 19 v. 14.7.2006, S. 626 ff.; *Prüm-Beschluss* 2008/615/JI des Rates vom 23.6.2008 zur Vertiefung der grenzüberschreitenden Zusammenarbeit, insbesondere zur Bekämpfung des Terrorismus und der grenzüberschreitenden Kriminalität, Abl. EU L 210 v. 6.8.2008, S. 1 ff.; *Prüm-Durchführungsbeschluss* der EU: Beschluss 2008/616/JI des Rates vom

6.2 Im Besonderen

aus dem Prüm-Vertrag in den Rechtsrahmen der EU überführt wurden, zwischen den Mitgliedstaaten der EU primär. Die Regelungen aus dem Vertrag von Prüm können nur noch subsidiär und nur im Rahmen der Zusammenarbeit mit den Vertragsstaaten[20] (derzeit 14) angewandt werden. Folgende Regelungen wurden aus dem Vertrag von Prüm in den Rechtsrahmen der EU überführt:

- automatisierter Abruf/(Massen-)Abgleich von DNA-Profilen
- automatisierter Abruf daktyloskopischer Daten
- automatisierter Abruf von Daten aus Fahrzeugregistern
- Informationsaustausch im Zusammenhang mit Großveranstaltungen
- Informationsaustausch zur Verhinderung terroristischer Straftaten
- gemeinsame Einsatzformen
- Hilfeleistung bei Massenveranstaltungen, Katastrophen und schweren Unglücksfällen

Der automatisierte polizeiliche Austausch von Fingerabdruck- und DNA-Daten auf der Grundlage des Prüm-Beschlusses der EU führte zur Vertiefung der grenzüberschreitenden Zusammenarbeit, insbesondere zur Bekämpfung des Terrorismus und der grenzüberschreitenden Kriminalität. Deutschland führt auf dieser Grundlage den Abgleich von Fingerabdrücken mit zwölf Mitgliedstaaten (Bulgarien, Frankreich, Litauen, Luxemburg, Niederlande, Österreich, Rumänien, Slowakei, Slowenien, Spanien, Tschechien und Zypern) und einen Abgleich von DNA-Daten mit 14 Mitgliedstaaten (Bulgarien, Frankreich, Lettland, Litauen, Luxemburg, Niederlande, Österreich, Polen, Rumänien, Slowakei, Slowenien, Spanien, Tschechien und Ungarn) durch.[21] Nach Angaben des LKA NRW haben die seit dem 1.1.2013 initiierten daktyloskopischen Spurenrecherchen 42 Treffer erbracht.[22] Seit 2008 wurden allein von der Polizei in NRW mit den Vertragsstaaten 8.326 wechselseitige Treffer bei DNA-Daten erzielt.[23]

Der Informationsaustausch zwischen Spezialisten aus verschiedenen Bereichen der Strafverfolgung wird bei Europol über die Expertenplattform EPE (Europol Platform for Experts) im sicheren Europol-Netz angeboten. Die EPE ist eine webbasierte Informationsplattform zum Austausch von Fachwissen, Best Practices und nicht personenbezogene Daten zu Straftaten. Der Austausch bzw. die Nutzung erfolgte insbesondere in folgenden Plattformen[24]:

- Financial Crime Information Centre (Informationszentrum Finanzstraftaten)
- Europol Asset Seizure Centre (Europol-Zentrum Vermögensabschöpfung)

23.6.2008 zur Durchführung des Beschlusses 2008/615/JI zur Vertiefung der grenzüberschreitenden Zusammenarbeit, insbesondere zur Bekämpfung des Terrorismus und der grenzüberschreitenden Kriminalität, Abl. EU L 210 v. 6.8.2008, S. 12 ff.

[20] Stand 2015: 14.
[21] Stand: 10/2014.
[22] Antwort der Landesregierung NRW v. 1.4.2015 Drs. 16/8338, 1 ff. (18).
[23] Antwort der Landesregierung NRW v. 1.4.2015 Drs. 16/8338, 1 ff. (18).
[24] Vgl. Antwort der Landesregierung NRW v. 1.4.2015 Drs. 16/8338, 1 ff. (51).

- Camden Asset Recovery Inter-Agency Network (CARIN) (Camden interbehördliches Netzwerk Rückgewinnungshilfe)
- EU- Handbuch für Finanzermittlungen
- gemeinsam verfasste Publikationen von Europol und der Europäischen Beobachtungsstelle für Drogen und Drogensucht (EMCDDA)

6.2.2.1.2 Polizeikooperationsverträge

Eine erfolgreiche internationale Zusammenarbeit hat sich im Rahmen bilateraler Polizeikooperationsverträge mit Nachbarstaaten bewährt. Mit allen Nachbarstaaten Deutschlands bestehen bilaterale Abkommen über die Polizeizusammenarbeit.[25] Wesentliche Merkmale dieser Abkommen sind Bestimmungen zu grenzüberschreitenden Polizeieinsätzen (z.B. Observation, kontrollierte Lieferungen, Nacheile), zu gemeinsamen polizeilichen Einsatzformen (z.B. gemeinsame Streifen), zu gegenseitigem Informationsaustausch, zu grenzüberschreitender personeller Unterstützung sowie zu den sog. Gemeinsamen Zentren. Diese Zentren fördern den grenzüberschreitenden Informationsaustausch und unterstützen die zuständigen Polizei- und Zollbehörden bei der Erfüllung ihrer operativen Aufgaben.[26] Mit deutscher Beteiligung bestehen derzeit Gemeinsame Zentren in Kehl (mit Frankreich), in Luxemburg-Stadt (mit Luxemburg, Belgien und Frankreich), in Padborg (mit Dänemark), in Swiecko (bei Frankfurt/O. mit Polen) sowie in Petrovice und Schwandorf (mit der Tschechischen Republik). Als ähnliche Einrichtung besteht ferner das Euregionale Polizei-Informations-Cooperations-Centrum in Heerlen (mit den Niederlanden und Belgien).[27]

Im Sicherheitsbericht Österreichs wird erwähnt, dass auf der Grundlage von Polizeikooperationsverträgen wirkungsvolle Instrumentarien wie der Einsatz gemischter Streifen oder der Informationsaustausch über Polizeikooperationszentren zur Verfügung stehen.[28] Gemeinsame Maßnahmen mit den Nachbarländern Österreichs wurden in Form von bilateralen Streifen entlang der Binnengrenzen und bilateralen Schwerpunktaktionen zur Bekämpfung grenzüberschreitender Kriminalität sowie illegaler Migration durchgeführt. Darüber hinaus wurden trilaterale Zugstreifen mit Italien durchgeführt. Ähnliche Kooperationsformen werden auch in Nordrhein-Westfalen angewendet.[29] Als erfolgreiche Kooperation haben sich dort auch der regelmäßige Erkenntnisaustausch und abgestimmte Ermittlungshandlungen im Rahmen von Spiegel- oder Parallelermittlungen erwie-

---

[25] Vgl. MEPA Handbuch 2015 (Fn. 2), S. DE-21, vgl. dort auch die Nw. zu den Rechtsgrundlagen.
[26] Vgl. a. BMI http://www.bmi.bund.de/DE/Themen/Sicherheit/Internationale-Zusammenarbeit/Polizeiliche-Zusammenarbeit/polizeiliche-zusammenarbeit_node.html (Zugegriffen am 13.01.2016).
[27] MEPA Handbuch 2015 (Fn. 2), S. DE-22.
[28] Vgl. Sicherheitsbericht Österreich 2014 (Fn. 7), S. 66; vgl. a. MEPA Handbuch 2015 (Fn. 2), S. AT-20 zum Überblick über die Kooperationen.
[29] Antwort der Landesregierung NRW v. 1.4.2015 Drs. 16/8338, 1 ff. (35).

sen.[30] Zur Vermeidung von Jurisdiktionskonflikten bedarf es allerdings bei dieser Kooperationsform einer hinreichenden Koordinierung auf einer gesetzlichen Grundlage, die der Rahmenbeschluss 2009/948/JI zur Vermeidung und Beilegung von Kompetenzkonflikten in Strafverfahren bisher nicht anbietet.[31]

6.2.2.1.3 Verdeckte Ermittlungen

Grenzüberschreitende verdeckte Ermittlungen erfolgen auf der Grundlage bi- und multilateraler Übereinkommen wie etwa des EU-Rechtshilfeübereinkommens aus dem Jahr 2000 (Art. 14)[32] oder bilateraler Polizeiverträge (s. o.). Im Rahmen grenzüberschreitender verdeckter Ermittlungen spielt die Legendierung verdeckt operierender Beamter im OK-Umfeld eine besonders wichtige Rolle. Allerdings werden nach internationalen Erfahrungen polizeiliche Maßnahmen und Ermittlungsschritte im verdeckten Ermittlungsbereich in der Bekämpfung der organisierten Kriminalität sehr oft von der Täterseite einer „Überprüfung" unterzogen. Das hat zur Konsequenz, dass ein Eindringen in die kriminellen Strukturen kaum möglich ist.[33] Durch die Ausstattung mit verschiedensten legendenunterstützenden Maßnahmen kann dieser Entwicklung strategisch gegengesteuert werden. Dazu gehört, den verdeckt ermittelnden Beamten mit einer Logistik auszustatten, die sehr genau auf den vorgesehenen Einsatz abgestimmt ist.[34]

6.2.2.1.4 Joint Investigation Teams

Zu den bewährten Praktiken gehört auch das gemeinsame internationale Vorgehen gegen OK-Gruppierungen auf der Grundlage der Joint Investigation Teams (JIT).[35] Diese JIT können auf der Grundlage von Art. 13 EU-Rechtshilfeübereinkommen[36] aus dem Jahr 2000 eingerichtet werden. Mit Unterstützung von Eurojust wurden im Jahr 2009 in der Europäischen Union insgesamt sieben JIT, im Jahr 2010 insgesamt 20 JIT, im Jahr 2011 insgesamt 33 JIT, im Jahr 2012 insgesamt 47 JIT und im

---

[30] Antwort der Landesregierung NRW v. 1.4.2015 Drs. 16/8338, 1 ff. (33).
[31] ABl. EU 2009 Nr. L 328, S. 42; vgl. dazu *Sinn*, Jurisdiktionskonflikte bei grenzüberschreitender Kriminalität. Ein Rechtsvergleich zum internationalen Strafrecht, 2012, mit zwei alternativen Lösungsmodellen (S. 575 ff.); vgl. a. *ders.*, ZIS 2013, S. 1.
[32] ABl. C 197 v. 12.7.2000.
[33] Vgl. Sicherheitsbericht Österreich 2014 (Fn. 7), S. 76.
[34] Vgl. die guten Erfahrungen Österreichs, Sicherheitsbericht Österreich 2014 (Fn. 7), S. 76.
[35] Zu den positiven JIT-Erfahrungen vgl. die Antwort der Landesregierung NRW v. 1.4.2015 Drs. 16/8338; vgl. a. *Judit Nagy*, International scientific conference „Archibald Reiss Days", Nr. II, Belgrad 2013, S. 187 ff.: http://www.kpa.edu.rs/cms/data/akademija/rajs/ar-volume%202%20 -%202013.pdf. (Zugegriffen am 07.01.2016).
[36] ABl. C 197 v. 12.7.2000.

Jahr 2013 insgesamt 42 JIT gegründet.[37] Im Jahr 2014 wurden 45 JIT neu eingerichtet. Insgesamt waren im Jahr 2014 inklusive der in früheren Jahren gegründeten Gruppen 122 JIT aktiv.[38] Zudem haben die Behörden der EU-Mitgliedstaaten Eurojust gemäß Art. 13 Abs. 5 des Eurojust-Beschlusses[39] über die Gründung von zehn JIT im Jahr 2009, jeweils elf JIT in den Jahren 2010 und 2011, 14 JIT im Jahr 2012 und 35 JIT im Jahr 2013 sowie 59 im Jahr 2014 in Kenntnis gesetzt. Im Jahr 2014 fanden mehrere groß angelegte und erfolgreiche Operationen statt:

6.2.2.1.4.1 Operation Vigorali

Im Rahmen der Operation Vigorali wurde in einer gemeinsamen Ermittlungsgruppe (JIT) mit Österreich, Frankreich, Spanien, dem Vereinigten Königreich, Europol und Eurojust gegen eine international agierende Tätergruppe ermittelt, die einen Handel mit gefälschten Arzneimitteln betrieb und weltweit gesundheitlich bedenkliche Produkte verkaufte. Es wurden ca. 20.000 Pakete mit rund 300.000 gefälschten Arzneimitteln sichergestellt. Die von den Kunden erlangten Summen betrugen ca. 3 Millionen Euro. Bei den Zugriffen in Österreich und Ungarn wurden acht Festnahmeanordnungen, 20 Durchsuchungs- und Sicherstellungsanordnungen sowie vier Vorführungsanordnungen zur sofortigen Vernehmung vollzogen. Bei 15 Bankkonten in Belgien, Österreich, Slowakei, Ungarn und Zypern wurde etwa 1 Million Euro sichergestellt. Darüber hinaus wurden 130.000 Euro in Bargeld und in etwa 1 Million gefälschter Tabletten zu einem Verkaufswert von ungefähr 10 Millionen Euro vorgefunden. Zeitgleich wurden im Vereinigten Königreich sieben Festnahmeanordnungen und Durchsuchungen durchgeführt und 49 Bankkonten gesperrt.[40]

6.2.2.1.4.2 Operation Archimedes

Im September 2014 hat Europol die größte je stattgefundene Aktion gegen die organisierte Kriminalität, die Operation Archimedes, koordiniert. Neben 28 Mitgliedstaaten und sechs Drittstaaten nahmen Eurojust, Frontex und Interpol teil. In ganz Europa wurden Hunderte Schwerpunktaktionen auf Flughäfen, Grenzstationen, Häfen und Kriminalitäts-Hotspots in Städten durchgeführt. Insgesamt wurden ca. 300 Maßnahmen an ca. 160 Einsatzorten mit ca. 25.000 beteiligten Strafverfolgungsbeamten initiiert. Es kam zu Festnahmen von 1.027 Personen.

---

[37] Vgl. die Eurojust Jahresberichte 2009, S. 35; 2010, S. 37; 2011, S. 11; 2012, S. 59; 2013, S. 26 (abrufbar unter www.eurojust.eu).
[38] Eurojust Jahresbericht 2014, S. 21.
[39] Vgl. Beschluss 2002/187/JI des Rates vom 28.2.2002 über die Errichtung von Eurojust zur Verstärkung der Bekämpfung der schweren Kriminalität in der durch den Beschluss 2003/659/JI des Rates vom 18.6.2003 und den Beschluss 2009/426/JI des Rates vom 16.12.2008 zur Stärkung von Eurojust geänderten Fassung.
[40] Vgl. Sicherheitsbericht Österreich 2014 (Fn. 7), S. 62.

6.2 Im Besonderen

Außerdem wurden 599 kg Kokain, 200 kg Heroin und 1,3 Tonnen Cannabis sichergestellt. Im Bereich Menschenhandel konnten 30 rumänische Kinder befreit werden. In Österreich lag der Schwerpunkt auf illegaler Migration. Es konnten 13 Schlepper festgenommen und 65 geschleppte Personen aufgegriffen werden. Europaweit wurden 10.000 illegale Einwanderer überprüft und dabei 170 Verdächtige festgenommen.[41]

Die JIT haben sich nach Angaben von Eurojust auch zu einem schnellen und flexiblen Instrument der Zusammenarbeit mit Drittstaaten entwickelt. Eurojust hat bei sieben JIT, an denen Drittstaaten beteiligt waren, unterstützend mitgewirkt, wobei drei davon 2014 neu eingerichtet wurden. Dabei hat Eurojust geholfen, rechtliche und praktische Hindernisse zu überwinden, die insbesondere mit der Beteiligung von Drittstaaten zusammenhängen.[42]

Die Bedeutung von Eurojust bei der OK-Verfolgung und der Unterstützung nationaler Polizeibehörden kann nicht hoch genug eingeschätzt werden. Wiederkehrende Probleme (Unterschiede in den Rechtssystemen bezüglich der Regeln zur Aufnahme von Beweismitteln; Zulässigkeit von Beweismitteln; Offenlegung von Informationen und zeitliche Grenzen für die Aufbewahrung von Daten) bei der grenzüberschreitenden Zusammenarbeit können durch Koordinierungstreffen gelöst werden.

Nicht zu übersehen ist aber, dass die bei Eurojust geführten Statistiken reformbedürftig sind. So wird keine Einzelstatistik über OCGs geführt. Vielmehr werden Daten zu mobilen organisierten kriminellen Vereinigungen (MOCGs) erhoben. In dieser Kategorie werden aber seit dem 1.1.2014 nicht länger Fälle betreffend einer Mitgliedschaft in einer kriminellen Vereinigung oder organisierte Kriminalität als Straftat erfasst. Vielmehr erfolgte eine Beschränkung auf organisierte Eigentumskriminalität (OPC) einschließlich Raub, Kraftfahrzeugkriminalität und illegalen Handels mit Kulturgütern.[43] Die Mitgliedschaft in einer kriminellen Vereinigung sowie die organisierte Kriminalität werden in anderen Kategorien deliktsspezifisch (bspw. bei dem Drogenhandel) erfasst. Zwischen dem SOCTA-Bericht Europols, der Daten zur schweren und organisierten Kriminalität auf der Grundlage des EU-Rahmenbeschlusses zur Bekämpfung der organisierten Kriminalität erhebt, und den Eurojust-Berichten besteht also keine Kongruenz in der begrifflichen Erfassung des OK-Phänomens. Das gilt es zu ändern.

6.2.2.2 Internationale Zollzusammenarbeit

Die Überwachung von Warenströmen an den Grenzen ist Aufgabe des Zolls. Der Zoll nimmt bei der Wahrnehmung, Beschlagnahme und Vernichtung von illegalen Gütern eine Schlüsselrolle ein. Deshalb ist ein koordiniertes Vorgehen der

---

[41] Vgl. Sicherheitsbericht Österreich 2014 (Fn. 7), S. 62; vgl. auch den Bericht über die Beteiligung der Länder in polizeilichen Angelegenheiten der Europäischen Union des Innenministeriums Baden-Württemberg v. 2.4.2015, Az.: 3–0123.3A36A, S. 11 f. mit abweichenden Festnahmezahlen.
[42] Eurojust Jahresbericht 2014, S. 22.
[43] Eurojust Jahresbericht 2014, S. 30.

Zollbehörden verschiedener Länder von ausschlaggebender Bedeutung, um illegale Warenströme zu unterbrechen und die dahinter bestehenden Täterstrukturen, die OK-Relevanz haben können, aufzuklären. So haben die Kommission und die rumänischen Zollbehörden eine regionale gemeinsame Zollaktion (GZA) unter Beteiligung der Ukraine und der Republik Moldau organisiert. Nachdem diese gemeinsame Aktion im Bereich des Zigarettenschmuggels erfolgreich verlaufen ist, hat die Kommission empfohlen, weitere gezielte Aktionen zur Bekämpfung des illegalen Tabakhandels zu organisieren. In diese Aktionen sollen weitere Risikofaktoren, zum Beispiel Warensendungen, die aus wichtigen Ursprungsländern wie den Vereinigten Arabischen Emiraten stammen oder über nachweislich mit Risiken behaftete Handelsdrehkreuze versandt wurden, einbezogen werden.[44] Der Austausch von Informationen und Erkenntnissen zwischen den verschiedenen am Schutz der Außengrenzen beteiligten Behörden trägt dazu bei, grenzüberschreitende Kriminalität zu verhindern und zu verfolgen.

Das zum Schutz der finanziellen Interessen der EU eingerichtete Europäische Amt für Betrugsbekämpfung (OLAF) führt mit den Zollbehörden der EU-Mitgliedstaaten sowie einiger Nicht-EU-Länder regelmäßig gemeinsame Zollaktionen mit bestimmten Kontrollen in Europa durch. Bei dieser Art der Zusammenarbeit handelt es sich um gezielte und abgestimmte Operationen von begrenzter Dauer. Sie dienen dem Ziel, den Schmuggel empfindlicher Waren und den Betrug in bestimmten Risikobereichen und/oder auf bekannten Handelsrouten zu unterbinden. OLAF unterstützt die Zollbehörden in einem Sonderbereich bei der Verfolgung des Tabakschmuggels. Zwischen 2012 und 2014 konnten aufgrund gemeinsamer Zollaktionen mehr als 800 Millionen Zigaretten beschlagnahmt werden.[45]

Die erfolgreichen Aktionen[46] gegen illegalen Handel und grenzüberschreitende Kriminalität zeigen, dass die Zusammenarbeit des Zolls mit der Polizei auf nationaler, bilateraler sowie internationaler Ebene von größter Bedeutung ist.

6.2.3 Verfolgung technisieren

Die Nutzung des Internets hat sich in allen Lebensbereichen durchgesetzt.[47] Auch OK bedient sich dieser technischen Möglichkeiten. Die Strafverfolgung konnte den Vorsprung, den die OK durch die Nutzung dieses Know-hows gewonnen hat, bisher nicht

---

[44] Mitteilung der Kommission COM (2013), 324 v. 6.6.2013, S. 1 ff. (19).

[45] Vgl. OLAF Jahresbericht 2014, S. 18 (abrufbar unter www.olaf.eu).

[46] Vgl. auch die unionsweiten erfolgreichen Aktionen der HMRC und Border Force im Zusammenhang mit dem Zigarettenschmuggel, HMRC/Border Force, Tackling illicit tobacco: From leaf to light, The HMRC and Border Force strategy to tackle tobacco smuggling, 2015, S. 9 (https://www.gov.uk/government/uploads/system/uploads/attachment_data/file/418732/Tackling_illicit_tobacco_-_From_leaf_to_light__2015_.pdf. Zugegriffen am 05.02.2016).

[47] Vgl. auch auf der Ebene des Europarats den Entwurf für einen Aktionsplan zur Bekämpfung der organisierten Kriminalität (2016–2020) v. 16.10.2015: CDPC (2015) 17_rev, S. 16 f.

6.2 Im Besonderen

aufholen. Es werden aber Fortschritte erzielt: Für die strategische Analyse haben sich die von Europol erstellten Analysis Work Files (AWF) bewährt. Dabei handelt es sich um operative Analyseprojekte, die von den Polizeien der Mitgliedstaaten initiiert werden. Sie dienen der Begleitung und Unterstützung von strafprozessualen Ermittlungen. Datenbasis sind die von den Sicherheitsbehörden der Mitgliedstaaten übermittelten Informationen aus Ermittlungsverfahren. Mit modernster Technik können Europol-Mitarbeiter dort Informationen aus laufenden Verfahren mit bereits gespeicherten abgleichen und im Sinne einer zielgerichteten, ermittlungsbegleitenden oder -initiierenden operativen Auswertung analysieren und die Ergebnisse den ermittlungsführenden Dienststellen in den Mitgliedstaaten zur Verfügung stellen. Gegenwärtig werden bei Europol die Analysedatei „Serious and Organised Crime" und die Analysedatei „Counter Terrorism" mit unterschiedlichen Auswerteschwerpunkten (Focal Points) geführt. Ausgewertet wurden folgende Komplexe[48]:

- Europol Focal Point Furtum (Eigentumskriminalität)
  - 2006 Ermittlungskommission Speed (Blitzeinbrüche zum Nachteil von Juwelieren)
  - 2008/2009 Ermittlungskommission Siano (Ermittlungsverfahren zum Phänomen „Enkeltrick", durch die Ermittlungskommission Siano wurde die Operation CATE (Crime against the elderly) bei Europol initiiert, die sich mit der Auswertung des Phänomens „Enkeltrick" befasst)
  - 2009 Ermittlungskommission Delta (Raubüberfälle bzw. Blitzeinbrüche mittels Einrammen mit PKW zum Nachteil von Juwelieren)
  - 2011 Ermittlungskommission Seil (Ermittlungsverfahren wegen Verdacht des Bandendiebstahls)
  - 2014 Ermittlungskommission Orbit (Verfahren gegen russisch-eurasische Tätergruppierung wegen des Verdachts des Bandendiebstahls von KFZ, Hehlerei und Inverkehrbringen von Falschgeld)

- Europol Focal Point Eastern Europe Organised Crime (EEOC)
  - 2014 Ermittlungskommission Orbit

- Europol Focal Point Smoke (Zigarettenschmuggel)
  - 2014 Ermittlungskommission Orbit

- Europol Focal Point Copy (Verstöße gegen geistige Eigentumsrechte)
  - 2014 Ermittlungskommission Orbit

Europol hat ebenfalls die moderne Methode der Analyse sozialer Netzwerke (Social Network Analysis, SNA) als innovative Möglichkeit eingeführt, um Erkenntnisanalysen durchzuführen und breit angelegte Ermittlungen gegen die organisierte Kriminalität und den Terrorismus zu unterstützen.[49] Auch in Österreich wurde eine

---

[48] Angaben nach Antwort der Landesregierung NRW v. 1.4.2015 Drs. 16/8338, S. 1 ff. (49 f.).
[49] Europol-Jahresbericht 2010, S. 14.

Methode für die soziale Netzwerk- und Clusteranalyse im Rahmen von Schulungsprogrammen eingeführt beziehungsweise vertieft.[50]

Im Jahr 2010 hat Europol ein System etabliert, mit dem kriminalpolizeiliche Informationen aus digitalen Daten extrahiert und analysiert werden können. Die Möglichkeit zur wirksamen Ermittlung relevanter Informationen aus großen Mengen von Computerdaten bei gleichzeitiger Wahrung der Rechtsgültigkeit wird bei der Kriminalitätsbekämpfung zu einem immer wichtigeren Instrument. Mit dieser neuen technischen Lösung kann Europol den Strafverfolgungsbehörden einen qualitativ hochwertigen Dienst zur Ermittlung und Verarbeitung dieser Informationen anbieten.[51] Die Entwicklung und Bereitstellung von technischen Möglichkeiten zur Strafverfolgung muss natürlich die geltenden rechtlichen Rahmenbedingungen beachten, an zu wenig Ressourcen darf dies jedoch nicht scheitern, andernfalls der Vorsprung noch größer wird.

Im Bereich des Zigarettenschmuggels regt die Kommission an, das IT-Tool CIGINFO stärker zu nutzen. Über dieses System erhalten die angeschlossenen Länder unmittelbar Kenntnis über erfolgte Zigarettenaufgriffe.[52] Die Kommission regt auch an zu prüfen, ob sich die CSM-Daten (CSM – Container Status Message) oder die Tool-Infrastruktur zur automatischen Kennzeichen- und Containercode-Erkennung verwenden lassen, um im Zusammenhang mit dem Zigarettenschmuggel verdächtige Sendungen ins Visier zu nehmen. In die Datenanalyse sollte auch das Versandinformationssystem zur Betrugsbekämpfung („Anti-Fraud Transit Information System" ATIS) einbezogen werden, um Trends festzustellen. Eine ähnliche Vorgehensweise, so die Kommission, könnte für EMCS- Transaktionen[53] (EMCS – Excise Movement and Control System) ins Auge gefasst werden.[54]

Auch die Rechtswissenschaft kann einen Beitrag zur Technisierung der Strafverfolgung leisten. Indem die Kenntnisse sicherheitsrelevanter Merkmale, mit denen strafbares von straflosem Verhalten unterschieden werden kann, in eine technische Lösung integriert werden, können schneller Anhaltspunkte zu kriminellen Netzwerkstrukturen gewonnen werden. So erarbeiten im Rahmen des Projektes ALPhA[55] Rechtswissenschaftler und Ingenieure einen Webcrawler zur Detektierung von illegalen Online-Apotheken. Auch andere Forschungsgruppen arbeiten weltweit an derartigen Lösungen in unterschiedlichen Kriminalitätsbereichen.

---

[50] Vgl. Antwort der Landesregierung NRW v. 1.4.2015 Drs. 16/8338, S. 1 ff. (35); Sicherheitsbericht Österreich 2014 (Fn. 7), S. 74.
[51] Vgl. Europol-Jahresbericht 2010, S. 15.
[52] Vgl. BT-Drs. 16/13793, S. 1 ff. (6).
[53] EMCS ist das EDV-gestützte Beförderungs- und Kontrollsystem für verbrauchsteuerpflichtige Waren.
[54] Vgl. COM (2013), 324 v. 6.6.2013, S. 1 ff. (19).
[55] Auswirkungen der Liberalisierung des Internethandels in Europa auf den Phänomenbereich der Arzneimittelkriminalität, vgl. www.alpha.uos.de.

6.2.4 Zusammenarbeit mit der Zivilgesellschaft

Ein Beispiel wirksamer und erfolgreicher Best Practice ist die in Berlin seit 2007 praktizierte Zusammenarbeit mit der Initiative „Mafia? Nein danke!". Im Zentrum dieser Initiative steht die Nutzung des zivilgesellschaftlichen Engagements zur OK-Prävention, die von einer Sicherheitsvereinbarung zwischen den Akteuren der Zivilgesellschaft (bspw. in einem Verein organisierte Gastronomen, die von Schutzgelderpressungen betroffen sind) und der Polizei begleitet wird. Inhalt dieser Sicherheitsvereinbarung sind anlassbezogene, wechselseitige Kontaktgespräche und der Informationsaustausch. Diese positiven Erfahrungen haben dazu geführt, den präventiven Ansatz auch auf andere Bevölkerungsteile auszudehnen (Türkische Verbände, Landesverband der Sinti und Roma, Moscheen-Vereine). Die Sicherheitsvereinbarung mit „Mafia? Nein danke!" ist vom Bundesministerium des Innern im Jahre 2009 als einziger deutscher Beitrag als Best Practice der multidisziplinären Gruppe OK der EU (MDG – Multidisciplinary Group on Organised Crime) gemeldet worden.[56]

6.2.5 Zusammenarbeit mit der Wirtschaft

Immer mehr Bedeutung erlangen auch Kooperationsformen zwischen den Strafverfolgungsbehörden und der Wirtschaft. Dabei kann es selbstverständlich nicht darum gehen, dass der Staat sich seiner Verantwortung für die Strafverfolgung und Gefahrenabwehr entziehen und damit auch die wichtigen verfassungsrechtlichen Grenzen der Informationsbeschaffung umgehen kann. Vielmehr geht es um den Austausch von Informationen, um die Installierung von Präventionskonzepten in den Unternehmen, die Nutzung von Technik zur Sicherung von Produkten und der legalen Lieferkette. Foren zum Informationsaustausch werden auf verschiedenen Ebenen geschaffen. Bei der OECD wurde bspw. eine Task Force on Charting Illicit Trade (TFCIT) gegründet, die jährlich tagt und bei denen Staatenvertreter, NGOs sowie Vertreter aus Wissenschaft, Wirtschaft und internationalen Institutionen und Strafverfolgungsagenturen gemeinsam über Wege zur Eingrenzung des illegalen Handels beraten.[57] Hinsichtlich der Produktsicherheit werden in Zusammenarbeit mit der Wirtschaft bspw. bei Arzneimitteln oder Tabak Track-and-Trace-

---

[56] Vgl. die Präsentation der Initiative von *Bernd Finger*, LKA Berlin, anlässlich einer Anhörung vor dem EU-Parlament am 11.–12.7.2012 in Brüssel: http://www.europarl.europa.eu/document/activities/cont/201207/20120716ATT48990/20120716ATT48990EN.pdf. (Zugegriffen am 07.01.2016).

[57] Vgl. http://www.oecd.org/gov/risk/TFCIT-flyer-2013.pdf. (Zugegriffen am 29.01.2016); vgl. a. *Bauer und Raufer und Sinn*, International Journal on Criminology 2014, S. 1 ff. https://www.joomag.com/magazine/international-journal-of-criminology-volume-2-number-2-fall-2014/0330802 001418156041?page=2. (Zugegriffen am 29.01.2016).

Systeme erarbeitet. So entwickelt securPharm e. V.[58] seit 2011 ein System zum Schutz vor Arzneimittelfälschungen gemäß den Vorgaben der EU-Fälschungsschutzrichtlinie 2011/62/EU.[59] Für Tabakprodukte gilt die Richtlinie 2014/40/EU.[60] Durch verpflichtende Vorschriften zu bestimmten Sicherheitsmerkmalen auf den Packungen sollen die Rückverfolgbarkeit und Echtheit von Tabakerzeugnissen gewährleistet werden. Auch in diesem Kontext kooperiert die Wirtschaft eng mit den Behörden, um den Vorgaben zu entsprechen. Der Zollfahndungsdienst arbeitet seit Jahren mit der Zigarettenindustrie zusammen und führt Verkaufswegfeststellungen durch. Die Hersteller stellen ihre Expertise bei konkreten Ermittlungen zur Verfügung. Dabei werden Proben von sichergestellten Zigaretten an die jeweiligen Markenrechtinhaber gesandt, um von dort u. a. Informationen zu dem Produktionsort, -zeitpunkt und ersten Käufer zu erhalten. Die Hersteller prüfen, ob es sich bei den Proben um Originalware oder um Fälschungen handelt.[61] Für die Zukunft sollte die Idee[62] aufgenommen werden, eine europaweit einheitliche Datenbank aufzubauen, auf die die Ermittlungsbehörden Zugriff haben, um die Wege der Zigaretten für das Ermittlungsverfahren zu dokumentieren. Derartige Datenbanken würden sich auch für weitere Produkte (Arzneimittel, Alkohol, Pflanzenschutzmittel, Kulturgüter etc.) anbieten. Die Einbindung der Wirtschaft muss auch an der Schnittstelle zum legalen Markt ansetzen. Das bedeutet, dass auch die Transporteure und Logistikunternehmen mehr, als dies jetzt der Fall ist, in die Kontrolle der Produkte einbezogen werden müssen. In dieser Branche, wie auch bei Unternehmen, deren Produkte keinen Vertriebskontrollen unterliegen, die aber für den illegalen Handel von großer Bedeutung sind (Zigarettenfilter, Arzneimittelampullen, Druck-Erzeugnisse etc.), muss sich mehr und mehr der Grundsatz „know your customer" durchsetzen.

---

[58] Sie wird getragen von einem Konsortium aus Pharma-, Großhandels- und Apothekerverbänden: BAH, BPI, vfa, PHAGRO, ABDA.
[59] ABl. L 174 v. 1.7.2011, S. 74 ff.
[60] ABl. L 127 v. 29.4.2014, S. 1 ff.
[61] Vgl. BT-Drs. 18/7298, S. 6.
[62] Vgl. BT-Drs. 18/7298, S. 6.

Kapitel 7
Schlussbemerkungen

Die „Organisierte Kriminalität" hat sich mit der Entwicklung neuer Technologien, der Etablierung neuer Märkte, dem veränderten Wert und Rang von Ressourcen, den gesellschaftlichen und rechtlichen Veränderungen ebenfalls gewandelt. Die „Internetdimension"[1] des Phänomens „Organisierte Kriminalität" erleichtert den Tätern die Kommunikation, die Koordination, die Vorbereitung und Ausführung[2] sowie die Verschleierung der Taten. Heute hat die OK viele Gesichter. Die Herausforderung besteht darin, diese zu erkennen und rechtlich zu erfassen.

Nach wie vor gibt es regional agierende und hierarchisch strukturierte Organisationen – die klassische OK 1.0. Längst sind aber die zunehmende Internationalisierung und die grenzüberschreitende Dimension der OK, die Netzwerke[3] bildet, in den Blick gerückt – die OK 2.0. Und nie war das Gesicht der OK diffuser als heute, wo die Netzwerk-organisierte Kriminalität flexibel agiert, Märkte wechselt, sich Bereiche der Wirtschaftskriminalität erschließt, neue Technologien nutzt und missbraucht und teilweise Terrorismus und OK innerhalb einer Gruppe nachgewiesen werden können und sich Hybride entwickeln konnten: die OK 3.0.

Internationale Vorgaben zur Strafbarkeit der Mitgliedschaft in einer kriminellen Organisation, die den Veränderungen der OK sowie der Bemühung um Harmonisierung des Rechts geschuldet waren, haben in Deutschland bisher kaum zu einer Anpassung des materiellen Rechts an die veränderten Tatsachen der „Organisierten

---

[1] Vgl. BT-Drs. 18/2404, S. 9; vgl. a. *Schönbohm*, APuZ 2013, S. 28 ff.; vgl. a. Cross border Organised Crime Assessment 2014, S. 6 (http://www.octf.gov.uk/Publications/SARS-information-(1)/Cross-Border-Organised-Crime-Assessment-2014. Zugegriffen am 05.02.2016).

[2] Vgl. LG Düsseldorf, Urteil v. 6.3.2014 – 004 KLs-40 Js 7656/13-28/13, BeckRS 2014, 21639: In der Nacht vom 19.2. auf den 20.2.2013 wurde weltweit in 22 Ländern durch Verwendung gefälschter Kreditkarten rund 39 Millionen US-Dollar abgehoben. Auf diesen Karten waren Daten gespeichert, die durch einen Hacking-Angriff auf ein Sicherheitssystem eines Kreditkartenherstellers erlangt wurden; zugleich wurden die Limits der zugehörigen Konten im Rahmen des Angriffs aufgehoben oder erhöht und Kontrollmechanismen (z. B. Plausibilitätsprüfungen) außer Kraft gesetzt.

[3] Vgl. *Albrecht*, Organisierte Kriminalität. Theoretische Erklärungen und empirische Befunde. Revista da Faculdade de Direito da Universidade de São Paulo 105 (2010), S. 259 ff. (277 f.).

Kriminalität 3.0" geführt. Seit 1990 arbeitet man in Deutschland in sicherheitsstrategischer Hinsicht mit einer Definition der OK, die heute nicht mehr zeitgemäß ist. Mehr noch, diese Definition kennt keine Entsprechung im Strafgesetzbuch, denn die Strafgerichte folgen bei § 129 StGB einer so engen Auslegung, dass die gerichtlichen Verfahrenszahlen mit den Daten der Polizeilichen Kriminalstatistik (PKS) nicht übereinstimmen (können). Im EU-Vergleich nimmt Deutschland damit eine Sonderrolle ein, da der Begriff der kriminellen Vereinigung nur teilweise dem Rahmenbeschluss des Rates zur Bekämpfung der organisierten Kriminalität [4] entspricht.[5] Gleiches gilt für die Umsetzung des Palermo-Übereinkommens der Vereinten Nationen zur OK (UNTOC).[6]

Methodisch werden das Ineinandergreifen, die Wechselwirkungen und die Determiniertheit von OK-Definition und den im StGB gegebenen Möglichkeiten, OK als Straftat (deliktspezifisch oder organisationsspezifisch) zu erfassen, zu wenig begriffen. Vielmehr folgt man einem polizei-strategischen Nützlichkeitskonzept, mit dem neue Probleme auftreten. Der Zweite Periodische Sicherheitsbericht geht offensichtlich davon aus, dass mit der OK-Definition „die Subsumtion bestimmter Erscheinungsformen unterschiedlichster Straftatbestände unter den durch die Arbeitsgemeinschaft Justiz/Polizei im Mai 1990 festgelegten Begriff von organisierter Kriminalität"[7] gelingen kann. Es wird methodisch also ein Top-down-Ansatz verfolgt, während richtigerweise ein Bottom-up-Verfahren vorzuziehen wäre. Denn wenn es richtig ist, dass die OK-Definition „strafrechtliche, soziologische, psychologische und ökonomische Elemente umfasst",[8] so müssen diese Elemente im Strafgesetzbuch und in der Rechtsprechung auch abgebildet werden, andernfalls das (Straf-)Recht die Wirklichkeit nicht mehr zu reflektieren vermag. Und genau an diesem Punkt sind wir heute sichtbarer denn je angekommen: der Inkongruenz des OK-Phänomens und der geltenden Rechtslage. Die Tat „OK" ist begrifflich mit einem Zusammenschluss mehrerer Personen verbunden. Deshalb müssen OK-Ermittlungen organisationsbezogen sein. Da strafrechtliche Ermittlungen aber nur dann geführt werden, wenn es einen Anlass – die Straftat – gibt, muss sich der Zusammenschluss von Personen, die gemeinsam schwere Straftaten begehen wollen, als Tat darstellen lassen. In diesem Kontext kommt § 129 StGB eine zentrale Bedeutung zu, die sich nicht darin erschöpfen darf, Schlüssel zur Öffnung des möglichen Ermittlungsinstrumentariums zu sein. Denn gerade diese Reduzierung auf ein prozessuales Ermittlungsinstrument löst die Vorbehalte gegen § 129 StGB aus.[9]

Forschung ist von einer ganz zentralen Bedeutung, um die beschriebene Inkongruenz zu beseitigen. In empirischer Hinsicht sind die vorliegenden nationalen Daten veraltet. Ein Abgleich mit europäischen Informationen hat noch nicht stattgefunden.

---

[4] ABl. L 300/42 vom 11.11.2008, in Kraft seit 11.11.2008, Umsetzungsfrist 10.5.2010.
[5] Vgl. dazu auch *Pintaske*, Das Palermo-Übereinkommen und sein Einfluss auf das deutsche Strafrecht, 2014, S. 166 ff.
[6] BGBl. II, 2005 Nr. 21, S. 956 ff.; sh. a. *Pintaske* (Fn. 5), S. 148.
[7] Zweiter Periodischer Sicherheitsbericht, 2006, S. 448.
[8] Zweiter Periodischer Sicherheitsbericht, 2006, S. 448.
[9] *Schäfer*, in: Münchener Kommentar zum Strafgesetzbuch, Bd. 3, § 129 Rn. 6.

7 Schlussbemerkungen

Der Forschungsbedarf ist also unübersehbar. Den Universitäten fehlen dafürallerdings die Ressourcen, und die Forschungsförderung des Bundes muss einen so weiten Bereich abdecken, dass die OK-Forschung in dem hier skizzierten Kontext bisher noch nicht zum Zuge kommen konnte. Die Forschung in internationalen Forschungsverbünden ist zeit- und kostenintensiv, aber für eine europäische Sicherheitsstrategie sind diese Investitionen unausweichlich.

Von entscheidender Bedeutung ist außerdem, dass sich die nationalen und internationalen Akteure auf eine gemeinsame Strategie zur Verfolgung der OK einigen. Dazu gehört auch der **politische Wille**, dass die internationalen Vorgaben zur Strafbarkeit der kriminellen Vereinigung im nationalen Recht der Vertragsstaaten ausnahmslos eine Entsprechung finden müssen. Gleiches gilt für die anzuwendenden Standards bei der Strafverfolgung, für die die EMRK eine geeignete Grundlage bilden kann.

Der **Informationsaustausch** zwischen den nationalen und international zuständigen Behörden muss auf der Grundlage gemeinsamer rechtlicher und praktischer Standards und unter Wahrung der Grundrechte des Bürgers transparenter gestaltet und vereinfacht werden.

Zuständigkeitszuweisungen dürfen nicht länger an einem OK-Nützlichkeitskonzept ausgerichtet sein, sondern müssen sich an dem Sachproblem, der wirksamen Erkennung, Verfolgung und Prävention von organisierter Kriminalität, orientieren. Das Sachproblem endet dabei nicht mit dem Abschluss der Ermittlungen bei der Polizei, vielmehr muss es auch in der justiziellen Praxis mehr Bedeutung erlangen. OK-Zuständigkeitszuweisungen müssen einerseits flexibel genug sein, um einem deliktsbezogenen und organisatorischen Verfolgungskonzept gerecht zu werden, sie müssen aber auch starr insoweit sein, dass positive und negative Kompetenzkonflikte ausgeschlossen sind. In diesem Zusammenhang wäre schon ein wesentlicher Schritt getan, wenn die nationalen Zuständigkeiten zur OK-Verfolgung übersichtlicher würden.

Die **Zusammenarbeit mit der Wirtschaft** muss ein integraler Bestandteil einer Strategie gegen OK und den illegalen Handel sein. Es muss im Interesse der Unternehmen liegen, dass die Produkte den legalen Markt nicht verlassen und Fälschung auf dem illegalen Markt immer weniger Chancen haben. Es muss im Interesse des Unternehmens liegen, dass die eigenen Produkte nicht zur Produktion illegaler Güter verwendet werden sowie die angebotenen Dienstleistungen nicht für Logistik kriminellen Verhaltens und den Transport illegaler Waren missbraucht werden.

Auch die **Zivilgesellschaft** muss in diesen Prozess einbezogen werden. Es muss den potenziellen Konsumenten mit Präventionsstrategien und Aufklärungskampagnen klar gemacht werden, dass mit dem Erwerb gefälschter Waren eigene Gesundheitsgefahren einhergehen können, die illegalen Gewinne durch Geldwäsche und Investitionen im legalen Markt die Gesellschaft untergraben und nicht zuletzt in bestimmten Produktsegmenten Terrorismus finanziert wird.

In empirischer, rechtlicher, strategischer und sicherheitspolitischer Hinsicht besteht also Forschungs- bzw. Anpassungsbedarf – andernfalls bleibt der Blick für die Facetten der „Organisierten Kriminalität 3.0" weiterhin verstellt.

Literatur

Albrecht, Hans-Jörg, Organisierte Kriminalität. Theoretische Erklärungen und empirische Befunde. Revista da Faculdade de Direito da Universidade de São Paulo 105 (2010), S. 259 ff.

Albrecht, Hans-Jörg, Terrorismus und Organisierte Kriminalität – Beziehungen, Zusammenhänge und Konvergenz, in: Arnold/Zoche (Hrsg.), Terrorismus und Organisierte Kriminalität, 2014, S. 17 ff.

Albrecht, Peter-Alexis, Kriminologie, 3. Aufl., München 2005.

Backes, Otto/Gusy, Christoph, Wer kontrolliert die Telefonüberwachung? Eine empirische Untersuchung zum Richtervorbehalt bei der Telefonüberwachung, Frankfurt a.M. 2003.

Bauer, Alain/Raufer, Xavier/Sinn, Arndt, Charting Illicit Trade: OECD Task Force In Action, in: International Journal on Criminology, 2014, S. 1 ff.

Bögel, Marion, Strukturen und Systemanalyse der Organisierten Kriminalität in Deutschland, Berlin 1994.

Borselli, Fabrizio, Organised VAT fraud: Features, Magnitude, Policy perspectives, hrsg. von der Bank of Italy, Paper No. 106, 2011.

Bundesministerium des Innern und Bundesministerium der Justiz: Zweiter Periodischer Sicherheitsbericht. Berlin: Bundesministerium des Innern und Bundesministerium der Justiz, 2006. Verfügbar unter: http://www.bmi.bund.de/SharedDocs/Downloads/DE/Veroeffentlichungen/2_periodischer_sicherheitsbericht_langfassung_de.html (zuletzt abgerufen: 11.1.2014).

Calderoni, Francesco, Organized Crime Legislation in the European Union, Heidelberg 2010.

Centre danalyse du terrorisme (Hrsg.), Financement du Terrorisme, La contrebande et la contrefaçon de cigarettes, Paris 2015.

Council of Europe (Hrsg.), Combating organised crime – Best-practice surveys of the Council of Europe, Reports by the Committee of Experts on Criminal Law and Criminological Aspects of Organised Crime (PC-CO) (1997–2000) and the Group of Specialists on Criminal Law and Criminological Aspects of Organised Crime (PC-S-CO) (2000–2003), Straßburg 2004.

Dessecker, Axel, Zur Konkretisierung des Bandenbegriffs im Strafrecht, in: NStZ 2009, S. 184 ff.

Dienstbühl, Dorothee, Kooperative Finanzierungssysteme des transnationalen Terrorismus, in: Kriminalistik 2008, S. 365 ff.

Di Nicola, Andrea/Gounev, Philip/Levi, Michael/Rubin, Jennifer/Vettori, Barbara, Study on paving the way for future policy initiatives in the field of fight against organised crime: the effectiveness of specific criminal law measures targeting organised crime, Final report, hrsg. von der Europäischen Kommission, Brüssel 2015.

Edwards, Charlie/Jeffray, Calum, On Tap._Organised Crime and the Illicit Trade in Tobacco, Alcohol and Pharmaceuticals in the UK, hrsg. vom Royal United Services Institute for Defence and Security Studies (RUSI), Whitehall Report 3–14, London 2014.

Erb, Volker, Die Qualifikationstatbestände der Bandenhehlerei (§§ 260 I Nr. 2, 260a StGB) – ein spezifisches Instrument zur Bekämpfung der „Organisierten Kriminalität"? in: NStZ 1998, S. 537 ff.

Falk, Bernhard, Erfassung, Beschreibung und Analyse von Organisierter Kriminalität. Defizite und Fortentwicklungsmöglichkeiten, in: Bundeskriminalamt (Hrsg.), Organisierte Kriminalität. Vorträge und Diskussionen bei der Arbeitstagung des Bundeskriminalamts vom 19. bis 22. November 1996. Wiesbaden 1996, S. 127 ff.

Filipkowski, Wojciech, Organised crime in Poland as a field of research and its contemporary situation, in: Töttel/Büchler (Hrsg.), Research Conferences on Organised Crime at the Bundeskriminalamt in Germany 2008–2010, Wiesbaden 2011, S. 44 ff.

Fischer, Thomas, Strafgesetzbuch, 62. Aufl., München 2015

Flemming, Sandra/Reinbacher, Tobias: „Die unausgeführte Bande" – Zur Vorfeldstrafbarkeit bei Bandendelikten, in: NStZ 2013, S. ff.

Foffani, Luigi/Orlandi, Renzo, Landesbericht Italien, in: Gropp/Sinn (Hrsg.): Organisierte Kriminalität und kriminelle Organisationen. Präventive und repressive Maßnahmen vor dem Hintergrund des 11. Septembers 2001, Baden-Baden 2006, S. 221 ff.

Görgen, Thomas/Schröder, Detlef, Organisierte Kriminalität und Terrorismus – unvereinbare Phänomene oder gefährliche Allianzen?, in: Informationszentrum Sozialwissenschaften (Hrsg.). Kriminalsoziologie + Rechtssoziologie, 2008, S. 9 ff.

Gropp, Walter, Einleitung, in: Gropp (Hrsg.), Besondere Ermittlungsmaßnahmen zur Bekämpfung der Organisierten Kriminalität, Freiburg i.Br. 1993, S. 1 ff.

Gropp, Walter/Schubert, Liane/Wörner, Matthias, Landesbericht Deutschland, in: Gropp/Huber (Hrsg.), Rechtliche Initiativen gegen organisierte Kriminalität. Freiburg i. Br. 2001, S. 69 ff.

Gropp, Walter/Sinn, Arndt (Hrsg.): Organisierte Kriminalität und kriminelle Organisationen. Präventive und repressive Maßnahmen vor dem Hintergrund des 11. Septembers 2001, Baden-Baden 2006.

Harder, Marion, in: Handbuch Wirtschafts- und Steuerstrafrecht, 4. Aufl., München 2014.

Heintschel-Heinegg, Bernd von, Gemeinschaftsrechtskonforme Auslegung des Vereinigungsbegriffs in den §§ 129 ff. StGB, in: Hoyer u.a. (Hrsg.), Festschrift für Friedrich-Christian Schroeder zum 70. Geburtstag, Heidelberg 2006, S. 799 ff.

Hochmayr, Gudrun, Landesbericht Österreich, in: Gropp/Sinn (Hrsg.): Organisierte Kriminalität und kriminelle Organisationen. Präventive und repressive Maßnahmen vor dem Hintergrund des 11. Septembers 2001, Baden-Baden 2006, S. 261 ff.

Hutchinson, Steven/O'Malley, Pat, Crime-Terror Nexus? Thinking on Some oft the Links between Terrorism and Criminality, in: Studies in Conflict and Terrorism, 30 (2007), S. 1095 ff.

Jacobi, Klaus, Das Lagebild Organisierte Kriminalität – Bedeutung, Kritik, Möglichkeiten der Erarbeitung, Schriftenreihe der Polizei-Führungsakademie, Hefte 3 + 4/1990 (Thema: Organisierte Kriminalität), S. 35 ff.

Jäger, Thomas, Transnationale Organisierte Kriminalität, in: APuZ 2013, S. 15 ff.

Jahn, Matthias, in: Satzger/Schluckebier/Widmaier (Hrsg.), Strafgesetzbuch, 2. Aufl., Köln 2014.

Kemmesies, Uwe, Terrorismus als komplexe Kriminalität, Method(olog)ische und theoriebezogene Herausforderungen der Terrorismusforschung, in: Arnold/Zoche (Hrsg.), Terrorismus und Organisierte Kriminalität, Berlin 2014, S. 69 ff.

Kilchling, Michael, Strategien zur Bekämpfung der Organisierten Kriminalität, in: APuZ 2013, S. 9 ff.

Kinzig, Jörg, Die rechtliche Bewältigung von Erscheinungsformen der organisierten Kriminalität, Berlin 2004.

Kreß, Claus, Das Strafrecht in der Europäischen Union vor der Herausforderung durch organisierte Kriminalität und Terrorismus, in: JA 2005, S. 220 ff.

Krings, Kerstin, Die strafrechtlichen Bandennormen unter besonderer Berücksichtigung des Phänomens der Organisierten Kriminalität, Frankfurt a.M. 2000.

von Lampe, Klaus, Was ist „Organisierte Kriminalität", in: APuZ 2013, S. 3 ff.

Lütke, Josef, Geldwäsche bei Auslandsvortat und nachträgliche Gewährung rechtlichen Gehörs, in: wistra 2001, S. 85 ff.

Maletz, Claudia, § 129 StGB – praktikabler Straftatbestand bei der Bekämpfung der Organisierten Kriminalität oder juristisches Placebo?, in: Kriminalistik 2010, S. 428 ff.

Meyer-Goßner, Lutz/Schmitt, Bertram, Strafprozessordnung, 58. Aufl., München 2015.

Meyer-Wieck, Hannes, Rechtswirklichkeit und Effizienz der akustischen Wohnraumüberwachung („großer Lauschangriff") nach § 100c Abs. 1 Nr. 3 StPO, Freiburg i. Br. 2004.

Mühlhoff, Uwe/Pfeiffer, Christian, Der Kronzeuge – Sündenfall des Rechtsstaats oder unverzichtbares Mittel der Strafverfolgung?, in: ZRP 2000, S. 121 ff.

Nagy, Ferenc, Landesbericht Ungarn, in: Gropp/Sinn (Hrsg.): Organisierte Kriminalität und kriminelle Organisationen. Präventive und repressive Maßnahmen vor dem Hintergrund des 11. Septembers 2001, Baden-Baden 2006, S. 413 ff.

Nagy, Judit, Joint investigation team (JIT): A modern and useful instrument against cross-border organized crime, in: International scientific conference „Archibald Reiss Days", Nr. II, Belgrad 2013, S. 187 ff.

Nestler, Cornelius, in: Herzog (Hrsg.), Geldwäschegesetz, 2. Aufl., München 2010.

Öztürk, Bahri, Landesbericht Türkei, in: Gropp/Sinn (Hrsg.): Organisierte Kriminalität und kriminelle Organisationen. Präventive und repressive Maßnahmen vor dem Hintergrund des 11. Septembers 2001, Baden-Baden 2006, S. 393 ff.

Pfeiffer, Christian, Organisierte Kriminalität – Empirische Erkenntnisse und Erkenntnismöglichkeiten, Perspektiven ihrer Bekämpfung. KFN Forschungsberichte Nr. 43, Kriminologisches Forschungsinstitut Niedersachsen e.V. (KFN), Hannover 1995. Verfügbar unter: www.kfn.de/versions/kfn/assets/fb43.pdf_ (zuletzt abgerufen: 31.1.2016).

Pintaske, Patrick M., Das Palermo-Übereinkommen und sein Einfluss auf das deutsche Strafrecht, Göttingen 2014.

Pütter, Norbert, Der OK-Komplex. Organisierte Kriminalität und ihre Folgen für die Polizei, Münster 1998.

Rebscher, Erich/Vahlenkamp, Werner, Organisierte Kriminalität in der Bundesrepublik Deutschland. Bestandsaufnahme, Entwicklungstendenzen und Bekämpfung aus der Sicht der Polizeipraxis. Bundeskriminalamt, Wiesbaden 1988.

Rübenstahl, Markus, Kriminelle Vereinigung im Wirtschaftsstrafrecht – eine kritische Untersuchung unter besonderer Berücksichtigung von Submissionskartellen, in: wistra 2014, S. 166 ff.

Schaefer, Hans Christoph, Zur Entwicklung des Verhältnisses Staatsanwaltschaft – Polizei, in: Ebert u.a. (Hrsg.), Festschrift für Ernst-Walter Hanack zum 70. Geburtstag, Berlin 1999, S. 191 ff.

Schäfer, Jürgen, in: Joecks/Miebach (Hrsg.), Münchener Kommentar zum Strafgesetzbuch, Bd. 3, 2. Aufl., München 2012.

Scherschneva-Koller, Elena, Strukturermittlungen als Ermittlungsmethode zur Bekämpfung krimineller Syndikate, Linz 2014.

Schild, Wolfgang, Die Bande des § 30 BtMG als Organisation, in: NStZ 1983, S. 69 ff.

Schöch, Heinz, Kriminologische Differenzierung bei der Zweierbande – Zugleich eine Besprechung des Urteils des BGH vom 17.10.1995 (1 StR 462/95), in: NStZ 1996, S. 166 ff.

Schönbohm, Arne, Cybercrime: Lukratives Geschäft für die Organisierte Kriminalität, in: APuZ 2013, S. 28 ff.

Schünemann, Bernd, Die sogenannte Finanzkrise – Systemversagen oder global organisierte Kriminalität, in: Schünemann (Hrsg.), Die sogenannte Finanzkrise – Systemversagen oder global organisierte Kriminalität, Berlin 2010, S. 71 ff.

Sergiou, Loukia, Value Added Tax (VAT) Carousel Fraud in the European Union, in: Journal of Accounting and Management 2011, S. 9 ff.

Sieber, Ulrich, Die Logistik der Organisierten Kriminalität. Erkenntnisse eines interdisziplinären Forschungsansatzes, in: Bundeskriminalamt (Hrsg.), Organisierte Kriminalität. Vorträge und Diskussionen bei der Arbeitstagung des Bundeskriminalamts vom 19. bis 22. November, Wiesbaden 1997, S. 229 ff.

Sieber, Ulrich, Organisierte Kriminalität in der Bundesrepublik Deutschland, in: Sieber (Hrsg.), Internationale Organisierte Kriminalität. Herausforderungen und Lösungen für ein Europa offener Grenzen, Köln u.a. 1997, S. 43 ff.

Sieber, Ulrich/Bögel, Marion: Logistik der Organisierten Kriminalität. Wirtschaftswissenschaftlicher Forschungsansatz und Pilotstudie zur internationalen Kfz-Verschiebung, zur Ausbeutung von Prostitution, zum Menschenhandel und zum illegalen Glücksspiel, Bundeskriminalamt, Wiesbaden 1993.

Sieber, Ulrich/Vogel, Benjamin, Terrorismusfinanzierung. Prävention im Spannungsfeld von internationalen Vorgaben und nationalem Tatstrafrecht, Freiburg i. Br. 2015.

Simitis, Spiros, Die informationelle Selbstbestimmung – Grundbedingung einer verfassungskonformen Informationsordnung, in: NJW 1984, S. 398 ff.

Sinn, Arndt, Anmerkung zu BGH, Urt. v. 22.5.2014_4 StR 430/13 (Serienbetrug im Lastenschriftverfahren – Irrtumserregung beim Opfer), in: ZJS 2014, S. 701–704.

Sinn, Arndt (Hrsg.), Jurisdiktionskonflikte bei grenzüberschreitender Kriminalität. Ein Rechtsvergleich zum internationalen Strafrecht, Göttingen 2012.

Sinn, Arndt, Die Vermeidung von strafrechtlichen Jurisdiktionskonflikten in der Europäischen Union – Gegenwart und Zukunft, in: ZIS 2013, S. 1.

Sinn, Arndt, Straffreistellung aufgrund von Drittverhalten, Zurechnung und Freistellung durch Macht, Tübingen 2007.

Savona, Ernesto U./Riccardi, Michelle (Hrsg.), From illegal markets to legitimate businesses: the portfolio of organised crime in Europe, Final Report of Project OCP – Organised Crime Portfolio (HOME/2011/ISEC/AG/FINEC/4000002220)

Sobota, Sebastian, „Bandenmäßiger Anbau" zum Eigenkonsum? Zur Notwendigkeit einer teleologischen Reduktion des Bandenbegriffs im BtMG, in: NStZ 2013, S. 509 ff.

Soiné, Michael, Organisierte Kriminalität und Terrorismus – von Kooperation in Richtung Symbiose?, in: Kriminalistik 2005, S. 409 ff.

Sternberg-Lieben, Detlev, in: Schönke/Schröder (Hrsg.), Strafgesetzbuch, Kommentar, 29. Aufl., 2014.

Stree, Walter/Hecker, Bernd, in: Schönke/Schröder (Hrsg.), Strafgesetzbuch, Kommentar, 29. Aufl., 2014.

Storbeck, Jürgen/von Münchow, Sebastian, Revisiting Convergence: Adapting Europe's Security Strategy to Emerging Challenges, in: Security Insights, hrsg. v. George C. Marshall European Center for Security Studies, Nr. 13, Februar 2016, S. 1 ff.

Tornyai, Gergely, Organized Crime-Related Legislation in the Hungarian Criminal Law, with a Comparison to the Turkish and the German Regulation, in: Krisztina/Szomora (Hrsg.), Bosphorus Seminar: Papers of a Bilingual Seminar on Comparative Criminal Law, Szeged, 2015, S. 101 ff.

Weigand, Herbert/Büchler, Heinz, Ermittlungs- und Sanktionserfolge der OK-Ermittlungen in Baden-Württemberg, Stuttgart: Landeskriminalamt Baden-Württemberg, 2002.

Weigand, Herbert/Büchler, Heinz, OK-Ermittlungen in Baden-Württemberg, Ermittlungs- und Sanktionserfolge, in: Kriminalistik 2002, S. 661 ff.

Weschke, Eugen/Heine-Heiß, Karla, Organisierte Kriminalität als Netzstrukturkriminalität, Teil 1, Fachhochschule für Verwaltung und Rechtspflege, Berlin 1990.

Wolter, Jürgen, Datenschutz und Strafprozess, in: ZStW 107 (1995), S. 793 ff.

Wörner, Liane/Wörner, Matthias, Landesbericht Deutschland, in: Gropp/Sinn (Hrsg.), Organisierte Kriminalität und kriminelle Organisationen. Präventive und repressive Maßnahmen vor dem Hintergrund des 11. Septembers 2001, Baden-Baden 2006, S. 75 ff.

The manufacturer's authorised representative in the EU is Springer Nature Customer Service Centre GmbH, Europaplatz 3, 69115 Heidelberg, Germany. If you have any concerns regarding our products, please contact ProductSafety@springernature.com

Printed and bound by CPI Group (UK) Ltd, Croydon, CR0 4YY

25/03/2026

02077962-0004